モット・アンド・ベイリーから連郭式へ（ウィンザー城、イギリス）

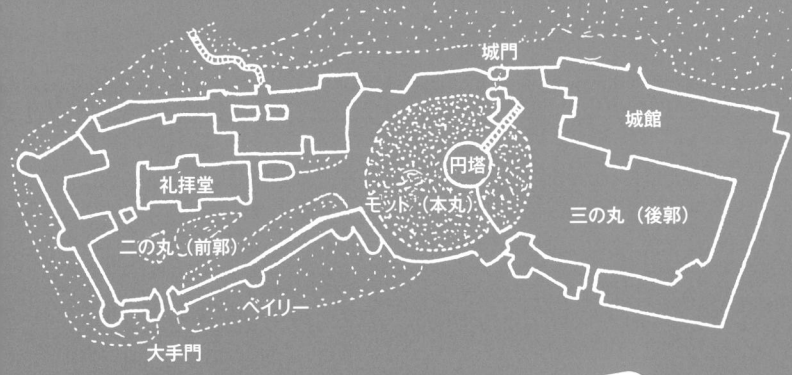

- 城門
- 城館
- 礼拝堂
- 円塔
- モット（本丸）
- 三の丸（後郭）
- 二の丸（前郭）
- ベイリー
- 大手門

輪郭式（ボーマリス城、イギリス）

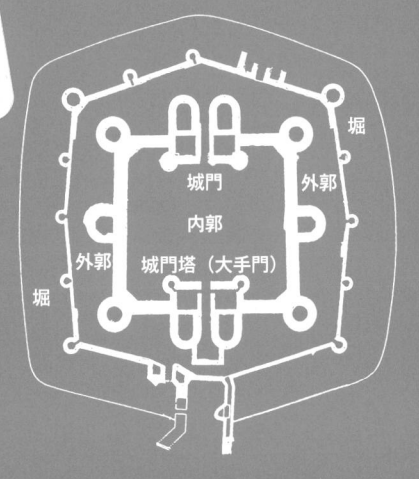

- 堀
- 城門
- 外郭
- 内郭
- 外郭
- 城門塔（大手門）
- 堀

ルネサンス様式（スフォルツァ城、イタリア、ミラノ）

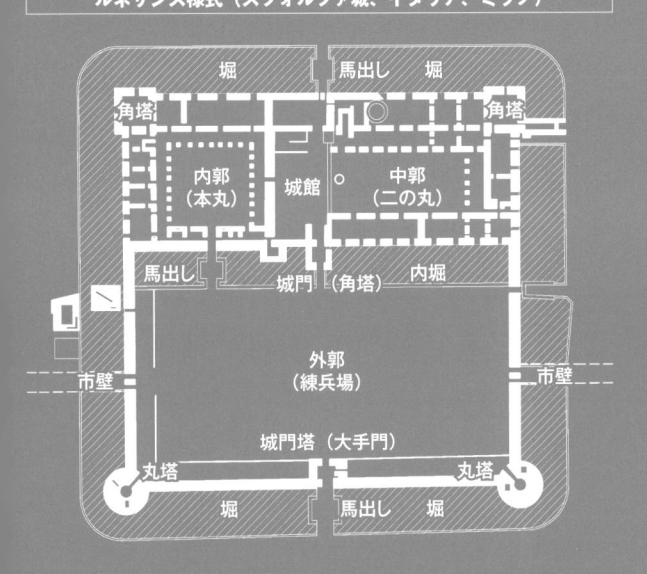

- 堀
- 馬出し
- 堀
- 角塔
- 角塔
- 内郭（本丸）
- 城館
- 中郭（二の丸）
- 馬出し
- 城門（角塔）
- 内堀
- 市壁
- 外郭（練兵場）
- 市壁
- 丸塔
- 城門塔（大手門）
- 丸塔
- 堀
- 馬出し
- 堀

ヨーロッパ城郭の平面図（縄張）

図説

ヨーロッパ
100名城
公式ガイドブック

樺山紘一
財団法人日本城郭協会
［監修］

紅山雪夫
［文］

河出書房新社

図説 ヨーロッパ100名城 公式ガイドブック 目次

- ヨーロッパの名城を訪ねるために　樺山紘一 ── 4
- 巻頭口絵　**魅惑の名城**　勝井規和 ── 6
- 城郭の発達史　野口昌夫 ── 14
- 「ヨーロッパ100名城」選定にあたって　(財)日本城郭協会 ── 20

ヨーロッパ100名城公式ガイド　紅山雪夫 ── 21

（☆印：世界遺産）「ヨーロッパ100名城」の城郭名の頭にある数字は、日本城郭協会が定めた番号です。

イギリス
1. ドゥーン・エンガス ── 22
2. ウィンザー城 ── 23
3. ウォーリック城 ── 24
4. エディンバラ城☆ ── 25
5. カーフィリー城 ── 26
6. カナーヴォン城☆ ── 27
7. コーンウィー城☆ ── 28
8. ドーヴァー城 ── 29
9. ハーレック城☆ ── 30
10. ロンドン塔☆ ── 31
11. 城郭都市ヨーク ── 32

イタリア
12. エステ城（フェラーラ）☆ ── 33
13. カステル・デル・モンテ☆ ── 34
14. カステル・ヌオヴォ（ナポリ）☆ ── 35
15. カステルヴェッキオ（ヴェローナ）☆ ── 36
16. サンタンジェロ城☆ ── 37
17. スフォルツァ（イモラ） ── 38
18. スフォルツァ（ミラノ） ── 39
19. フランチェスコ城（サン・レオ） ── 40
20. 城郭都市アッシジ☆ ── 41
21. 城郭都市ポルトヴェネレ ── 42
22. 城郭都市ポルトフェライオ ── 43

エストニア
23. トームペア城☆ ── 46

オーストリア
24. ハイデンライヒシュタイン城 ── 47
25. フォルヒテンシュタイン城 ── 48
26. ホーエンヴェルフェン城 ── 49
27. ホーエンザルツブルク城☆ ── 50
28. ホッホオスターヴィッツ城 ── 51

オランダ
29. 城郭都市マーストリヒト ── 52

ギリシャ
30. ティリンスのアクロポリス☆ ── 53
31. パラミディ城（ナフプリオン） ── 54
32. ミケーネのアクロポリス☆ ── 55
33. リンドスのアクロポリス☆ ── 56
34. 城郭都市ミストラ☆ ── 57
35. 城郭都市ロードス☆ ── 58
36. 聖ヨハネ城郭修道院（パトモス島）☆ ── 59

クロアチア
37. 城郭都市ドゥブロヴニク☆ ── 60

サンマリノ
38. ロッカ・ベンネ（サンマリノ）☆ ── 61

スイス
39. シヨン城 ── 62
40. ベリンツォーナの3城☆ ── 63

スウェーデン
41. グリプスホルム城（マリアフレッド） ── 64

スペイン
42. アルハンブラ☆ ── 65
43. コカ城 ── 66
44. シグエンサ城 ── 67
45. セゴビアのアルカサル☆ ── 68
46. ベルモンテ城 ── 69
47. 城郭都市アビラ☆ ── 70
48. 城郭都市コルドバ☆ ── 71
49. 城郭都市トレド☆ ── 72

スロバキア
50. スピシュスキー城☆ ── 73

スロベニア
51. リュブリヤーナ城 ── 74

コラム

トスカナの城壁都市 藤宗俊一 —— 44
幻想が生んだ中世騎士の世界 ドイツ、ロマン主義の城 中城正堯 —— 88
ロワールの古城を旅する 小池寿子 —— 108

城郭名索引 —— 126

セルビア
52 カレメグダン城（ベオグラード）—— 75
チェコ
53 プラハ城☆ —— 76
54 城郭都市チェスキー・クルムロフ☆ —— 77
デンマーク
55 クローンボー城☆ —— 78
56 フレデリクスボー城 —— 79
ドイツ
57 ヴァルトブルク城☆ —— 80
58 コーブルク城 —— 81
59 ハイデルベルク城 —— 82
60 プファルツ城☆ —— 83
61 ブルク・エルツ城 —— 84
62 マルクスブルク城 —— 85
63 ライヒスブルク城（コッヘム）—— 86
64 リーメスとザールブルク城☆ —— 87
65 城郭都市ニュルンベルク —— 90
66 城郭都市ローテンブルク —— 91
トルコ
67 テオドシウスの城壁（イスタンブール）☆ —— 92
ノルウェー
68 アーケルスフース城 —— 93
ハンガリー
69 ブダ城☆ —— 94
フィンランド
70 スオメンリンナ☆ —— 95
フランス
71 アンジェ城☆ —— 96
72 アンボワーズ城☆ —— 97
73 ヴィトレ城 —— 98
74 ガイヤール城 —— 99
75 シノン城☆ —— 100
76 タラスコン城 —— 101
77 ディフ城 —— 102
78 フジェール城 —— 103
79 モン・サン・ミッシェル城郭修道院☆ —— 104
80 城郭都市エグ・モルト —— 105
81 城郭都市カルカソンヌ☆ —— 106
ブルガリア
82 ババ・ヴィダ城 —— 107
ベラルーシ
83 ニャスヴィシュ☆ —— 110
ベルギー
84 ディナン城 —— 111
85 フランドル伯城（ヘント）—— 112
ポーランド
86 マルボルク城☆ —— 113
ポルトガル
87 サン・ジョルジェ城 —— 114
88 ドス・ムーロス城（シントラ）☆ —— 115
89 城郭都市オビドス —— 115
マルタ
90 城郭都市ヴァレッタ☆ —— 116
ラトビア
91 城郭都市リガ☆ —— 117
リトアニア
92 城郭都市ヴィリニュス☆ —— 118
リヒテンシュタイン
93 ファドゥーツ城 —— 119
ルーマニア
94 コルヴィネシティロル城（フネドアラ）—— 120
95 ブラン城 —— 121
ルクセンブルク
96 ヴィアンデン城 —— 122
97 城郭都市ルクセンブルク☆ —— 123
ロシア
98 カザンのクレムリン☆ —— 124
99 ノヴゴロドのクレムリン☆ —— 124
100 モスクワのクレムリン☆ —— 125

p.1写真：フランスのモン・サン・ミッシェル城郭修道院（本文p.104）

ヨーロッパの名城を訪ねるために

わたしたちが、よく見慣れてきた日本の城。石垣が堀に影をおとし、松が老枝を這わせる。その脇では、櫓と城門が複雑な曲線をえがく。すべての角度から俯瞰できる天守。白塗りの壁と板塀に囲われた武家屋敷が甍をつらねる。さらにこれをとりまく商人たちの軒並みが。

さて、それではヨーロッパの城。なんと異なった情景だろうか。石積みの城館が、侵入者を厳しく拒絶し、天守ならぬ多数の塔屋が、権威をいやがうえにも顕示しているかのようだ。城にすむ領主はともあれ、ほかの臣民たちはどこに住むのか。どことなく、城は周囲との一体感にとぼしく、孤立感がただよう。

わたしたちは、こうして東西の城風景に差異を感じとってしまう。ユーラシアの東西の端にあるのだから、これだけの違いは、さだめし当然のことだろうか。

けれども、じつは世界の歴史のなかで、日本とヨーロッパの城は、極めて相似しているという議論もある。この二つの場合、城はいつも典型的な封建制という土地・人間支配を前提にしている。農地を耕す領民にたいして、武器をもつ戦士たちは、保護と抑圧をくわえて、安定した制度をほどこす。じつはこの形は、ヨーロッパと日本で広がっている。そこでは、城は「地元の社会」の農、工、商を束ねるための機能なのだ。世界には、たくさんの城があるが、ふつうあくまでもたんなる戦闘施設であって、農業社会の管理とは無関係。なぜか、ヨーロッパと日本だけが、城と結びつく封建社会の農業社会をつくりだした。城は、全国に万遍なくネットワークを張りめぐらせた。こうした認識は、意外かもしれないが、城を考えるために、とても重要だ。

さて、このように相違と相似を認めたうえで、

樺山紘一（西洋史・東京大学名誉教授）

　ヨーロッパと日本とが、いまどのように城を文化財として維持しているか、まとめておこう。

　ヨーロッパでは、現在、大きくいうと三つの種類の城が、存在している。一つには、軍事上の施設として、ほぼ不変のまま歴史上存在してきた名城。いまも自立し、観光施設か、または名家の居宅として、往時をしのばせる。第2は、城郭都市とよばれ、城とそれを支える街区とが一体となって、いまも城壁内に巨大な構造物をたもっている。

　そして、第3には、城という本性を、宮殿や邸宅のうちに再現したもの。フランス語でシャトーとよばれるもののなかには、大富豪たちの邸から、ワインの醸造所までが含まれるが、これもたしかにいまではシャトー（城）の一部だ。この3種類の城がある。そのうち前2者を本書はおもに取りあげた。

　こうなると、たしかに現在の城事情は日本の場合とはかなり違うようだ。日本では、かつて江戸時代に諸侯大名が築造してのちに破却され、やがては近年になって再建された城が主流だ。たしかに、ここには両世界で差がある。

　ごたごたと述べてきたが、いずれにしても、確かなのは、つぎのこと。ヨーロッパの城にもじつに広いヴァリエーションがある。ヨーロッパの東西南北、そして、建造の時代はといえば、太古から近代まで。用途、目的、様式、それぞれに大きな差異がある。そのことを十分に承知のうえで名城を訪ねることにしたい。城の旅からは、そこに生きた人間たちの暮らしのさまが、ありありと浮かびあがってくるにちがいない。

　城内の舗石のかなたから、往時の騎士たちが乗馬して勇ましく登場してくる。それに随きしたがって、わたしたちも、ヨーロッパの100名城にむかって、出発することにしようではありませんか。

スイスのシヨン城（本文p.62）

魅惑の名城
勝井規和(写真家)

イタリアのフランチェスコ城(サン・レオ)(本文p.40)　　イギリスのエディンバラ城(本文p.25)

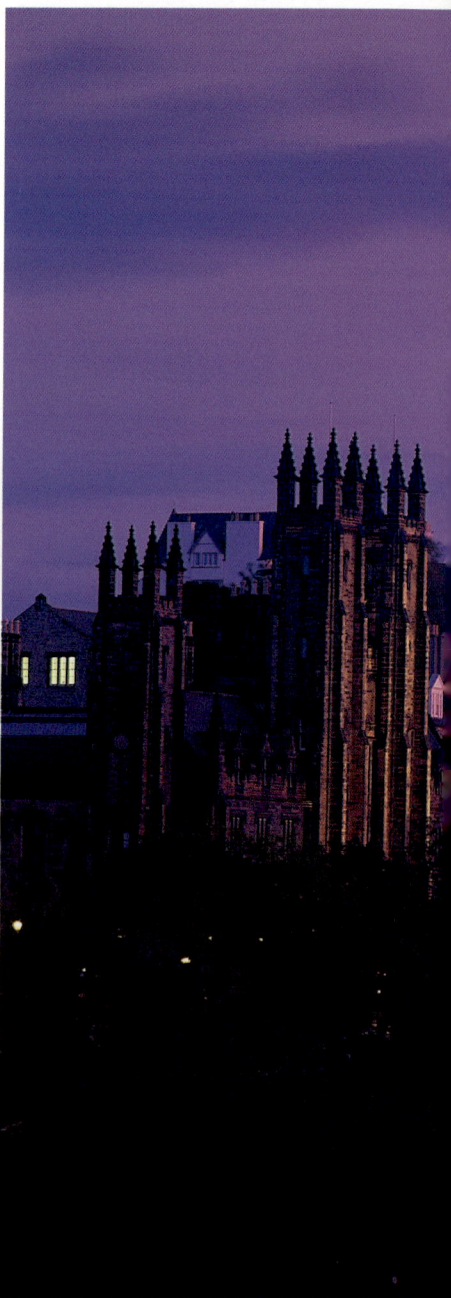

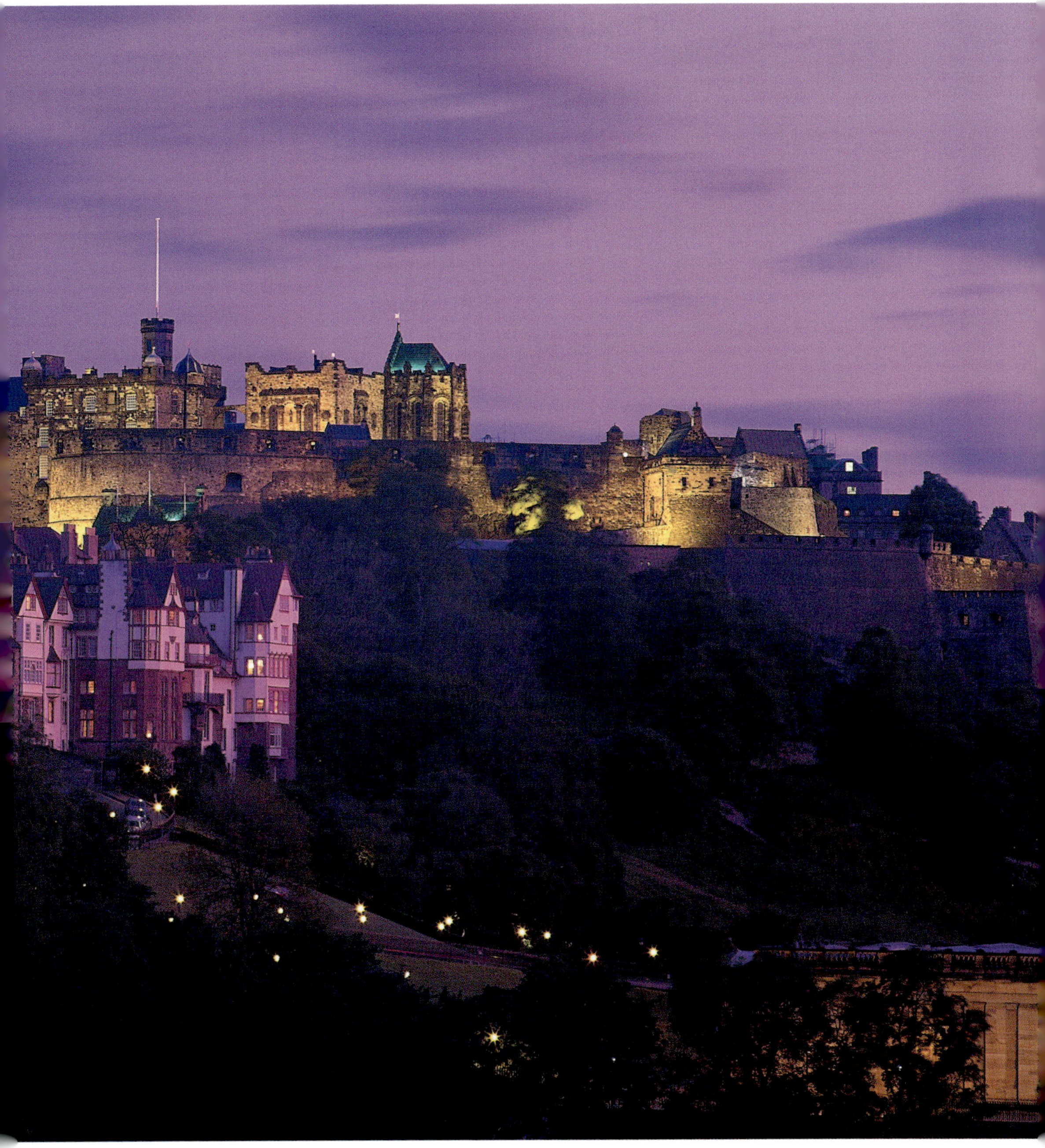

スペイン、セゴビアのアルカサル（本文p.68）

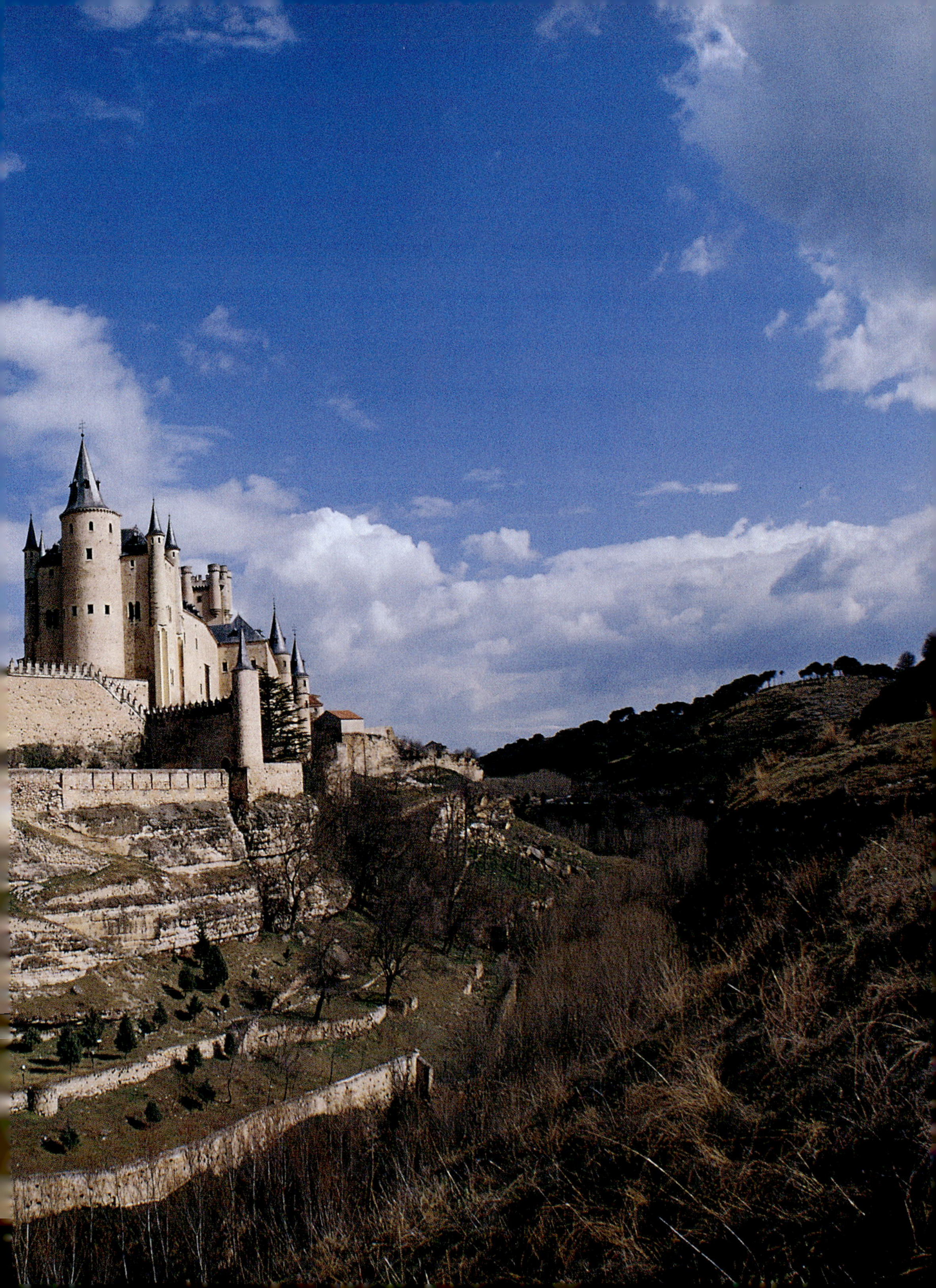

フランスのシノン城（本文p.100）

イギリスのカナーヴォン城（本文p.27）

ベルギーのフランドル伯城（ヘント）（本文p.112）

ドイツの城郭都市ローテンブルク（本文p.91）

スウェーデンのグリプスホルム城（マリアフレッド）（本文p.64）

ポルトガルのドス・ムーロス城（シントラ）（本文p.115）

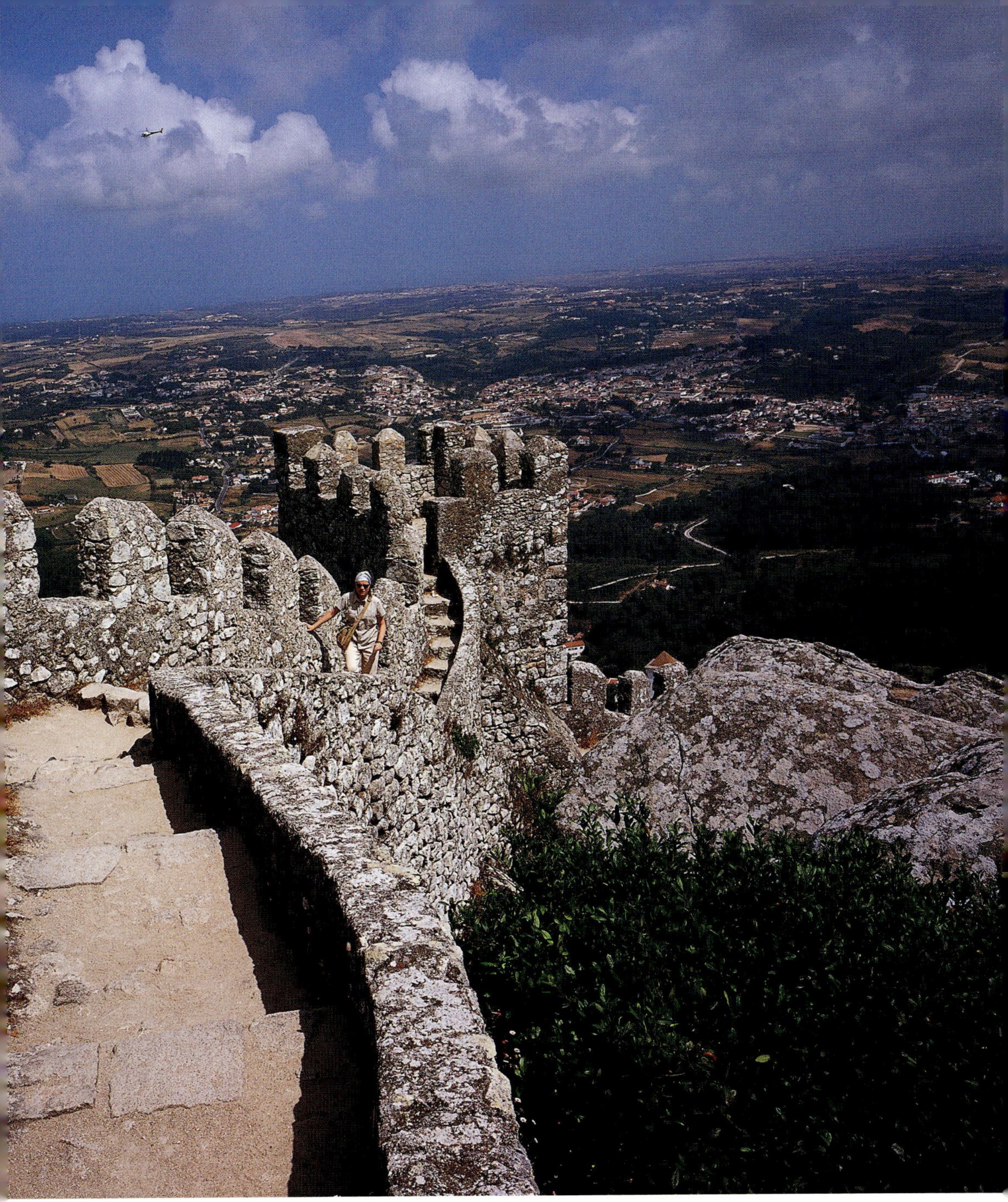

城郭の発達史

野口昌夫（西洋建築史・東京藝術大学教授）

城郭建築と城郭都市の歴史を古代から19世紀後半まで、代表的な例を取りあげて述べてみたい。ここでは個々の例に詳しく触れるのではなく、大きな流れをつかむことに重点を置くことにする。

1．古代の大規模城郭都市

古代の城郭都市はスケールの大きな戦争に備え、長大な城壁をもつ例が多い。紀元前376年頃、古代ローマの最初の城壁であるセルウィウス城壁が建設され、全長約11kmで12市門を備えていた。今でもローマ・テルミニ駅の斜め前に遺構の一部を残している。帝政期に入って270～280年に建設されたアウレリアヌス帝城壁は、その大半が残されている。全長約19kmで30mおきに381本の監視塔が備えられ、18市門があった。その後、ビザンチン時代を迎えると、テオドシウス帝がコンスタンチノープル（現イスタンブール）に大城壁を築く（本文p92）。408～447年に建設された全長6.4km、高さ12m、厚さ5m、96本の監視塔、そして有事には水を張れる堀を備えていた。これは1143～80年にマヌエル・コンメヌスが大改築を行い、さらに防御を固めたが、1453年にはオスマン・トルコに包囲・攻撃されコンスタンチノープルの陥落に至る。

2．中世の城郭──木造から石造へ

476年、西ローマ帝国が崩壊すると、古代ローマのすぐれた文化が失われ、その後は高度な建築技術を必要とする城郭や城郭都市は出現しなかった。中世の封建領主の権力は、古代の大規模城郭都市を建設した国王や皇帝がもっていた巨大な権力とはくらべものにならないほど小さかったからである。こうして9世紀までのほとんどの城郭建築は小規模な木造にとどまった。その結果、遺構はほとんど残っていない。木造の城郭は火に弱いという防衛上決定的な欠点をもっていた。封建領主は費用はかかるが高度な建設技術を必要とする石造の城郭を保有することが、直接的に権力の維持につながると考えていた。9～10世紀、その動きが強くなり、特にイタリアでは石造の城郭や城壁が出現し始める。その動きにさらに拍車をかけるようにして1000年頃、ヨーロッパ全体に大きな社会変動が起きてくる。それまでの農村社会から、都市を中心とした商工市民社会が台頭するのである。経済力の増大はそのまま石造のロマネスク聖堂と城郭の建設を推進させた。最初期の石造城郭の例としては1078年に起工されたロンドン塔のホワイト・タワー（本文p.31）がある。また石造の城郭都市の早い例はスペインのアビラ（本文p70）やイタリアの都市国家に見られる。この11世紀を経て、12、13世紀へと城郭と城郭都市は大きく発展を遂げることになる。

3．12世紀の城郭──石造の時代へ

12世紀のイギリスでは石造のキープ（主塔）が

1．ロンドン塔のホワイト・タワー。（本文p.31）

2. 上：中世末期までの城壁と攻撃・防御形態。
　　下：ルネサンス以降の大砲の出現に対応した
　　　　城壁と攻撃・防御形態。

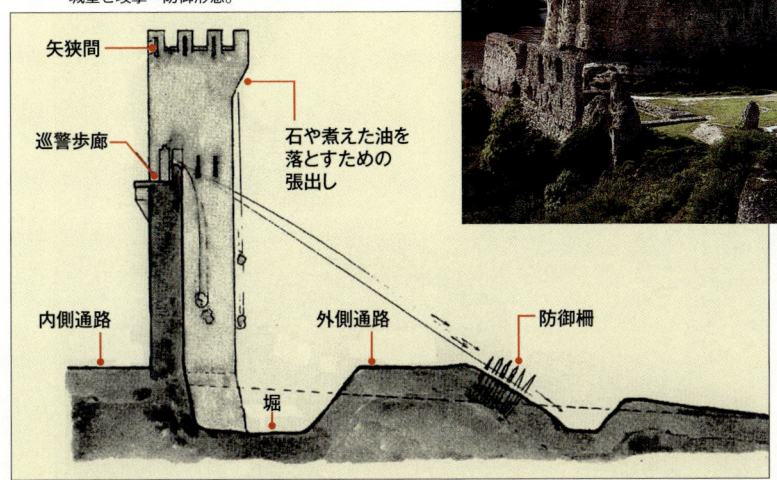

（図中ラベル）
- 矢狭間
- 巡警歩廊
- 石や煮えた油を落とすための張出し
- 内側通路
- 外側通路
- 防御柵
- 堀

- 堡塁
- 胸壁
- 斜堤
- 防御柵
- 扶壁
- 堀
- 溝
- 扶壁

3. カーテン・ウォールを二重に備えたフランスのガイヤール城。（本文p.99）

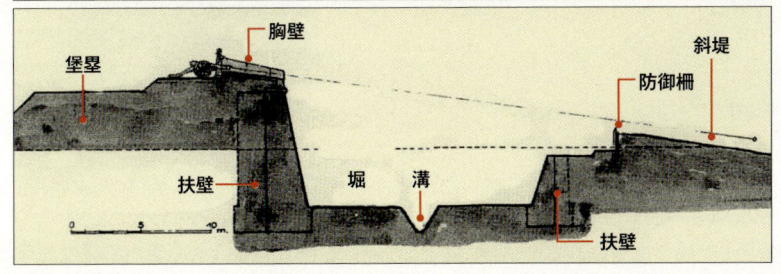

盛んに建設されるようになる。角塔型キープをもつ例として1140年頃のヘディンガム城、1185〜90年のコーニスバラ城がある。また円筒型キープをもつ例として1140年頃のカリスブルック城、1166〜72年のオルフォード城、1170年のウィンザー城のラウンド・タワー（本文p.23）がある。角塔型キープは角が破壊されやすいため、円筒型キープの方が防御性能は高かった。12世紀末になると防御、出撃、籠城のすべてに備えるために、城郭各部が連携し、全体を効率よく機能させようとする動きがみられるようになる。カーテン・ウォール（高い城壁）を二重に備え、側面から敵に矢を放つための塔を設けるなどさまざまな工夫がなされた。その代表例は1196〜98年に建設されたフランスのガイヤール城（本文p.99）である。これは第三次十字軍の主将を務めたイギリス王リチャード1世「獅子心王」がノルマンディーをフランス王から防御するために、セーヌ河畔、レザンドリ

15

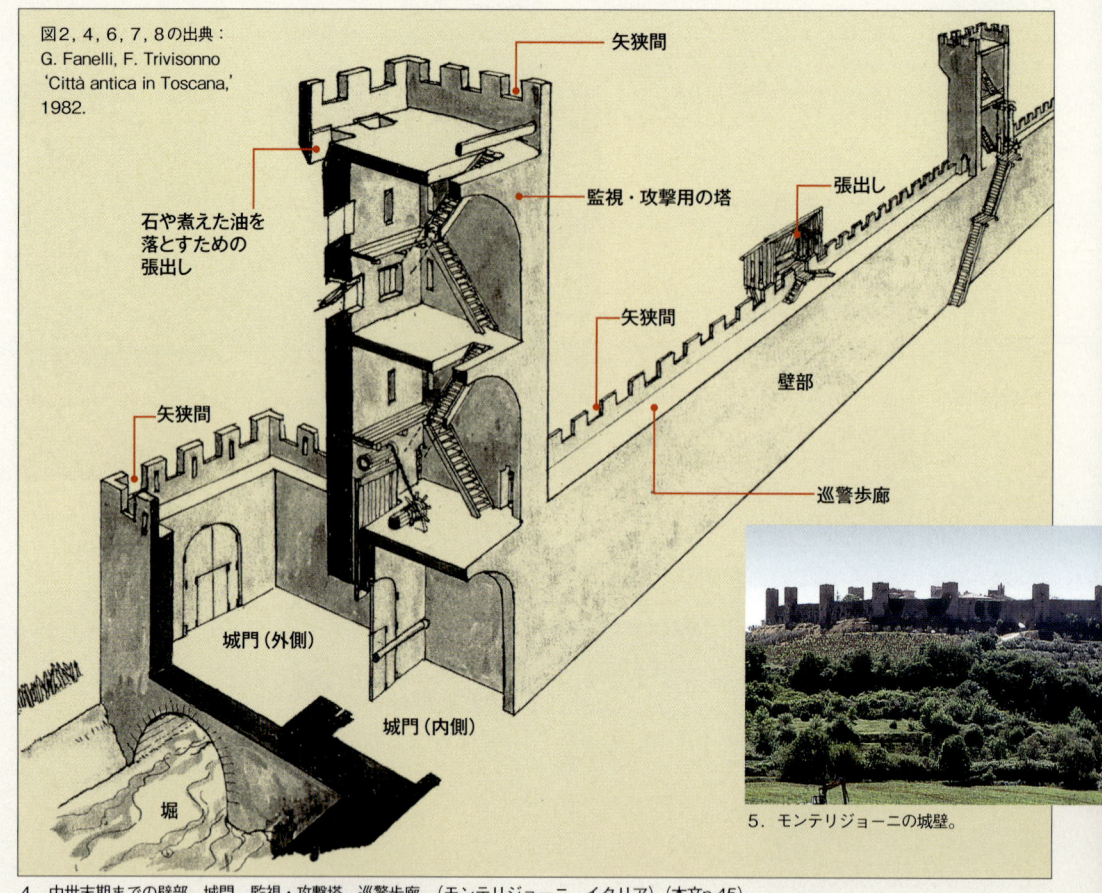

図2, 4, 6, 7, 8の出典：
G. Fanelli, F. Trivisonno
'Città antica in Toscana,'
1982.

矢狭間
監視・攻撃用の塔
張出し
石や煮えた油を落とすための張出し
矢狭間
壁部
矢狭間
巡警歩廊
城門（外側）
城門（内側）
堀

4．中世末期までの壁部、城門、監視・攻撃塔、巡警歩廊。（モンテリジョーニ、イタリア）（本文p.45）

5．モンテリジョーニの城壁。

一付近の丘上に建設した難攻不落の城であった。12世紀の城郭の頂点をきわめた傑作である。

4．13世紀の城郭と城郭都市──発展と完成

13世紀は宗教建築においてもロマネスクからゴシックへと転換していく時代であり、巨大な構築物が新たな技術によって実現していった。城郭建築もこの時期に大発展を遂げ、頂点まで登りつめる。カーテン・ウォールはますます高くなり、全体の規模も拡大していった。また、拡大にともなって、戦争時に付近の住民を避難させる空間も設けられた。つまり、単体の城郭から小さな城郭都市として戦時を乗り切るシステムが出現したのである。代表的な例としては1179〜91年に内郭、1220〜40年に外郭が建設されたイギリスのドーヴァー城（本文p.29）、13世紀中頃から後半に築かれた南フランスのカルカソンヌ城（本文p.106）があげられる。カルカソンヌ城は13世紀の城郭の完成形を示している。7〜8mの距離を置いて二重のカーテン・ウォールが建設され、矩形、円形、半円形の塔で防御を固め、内側の壁は1.2km、外側の壁は1.5kmにおよぶ壮大な城郭都市である。

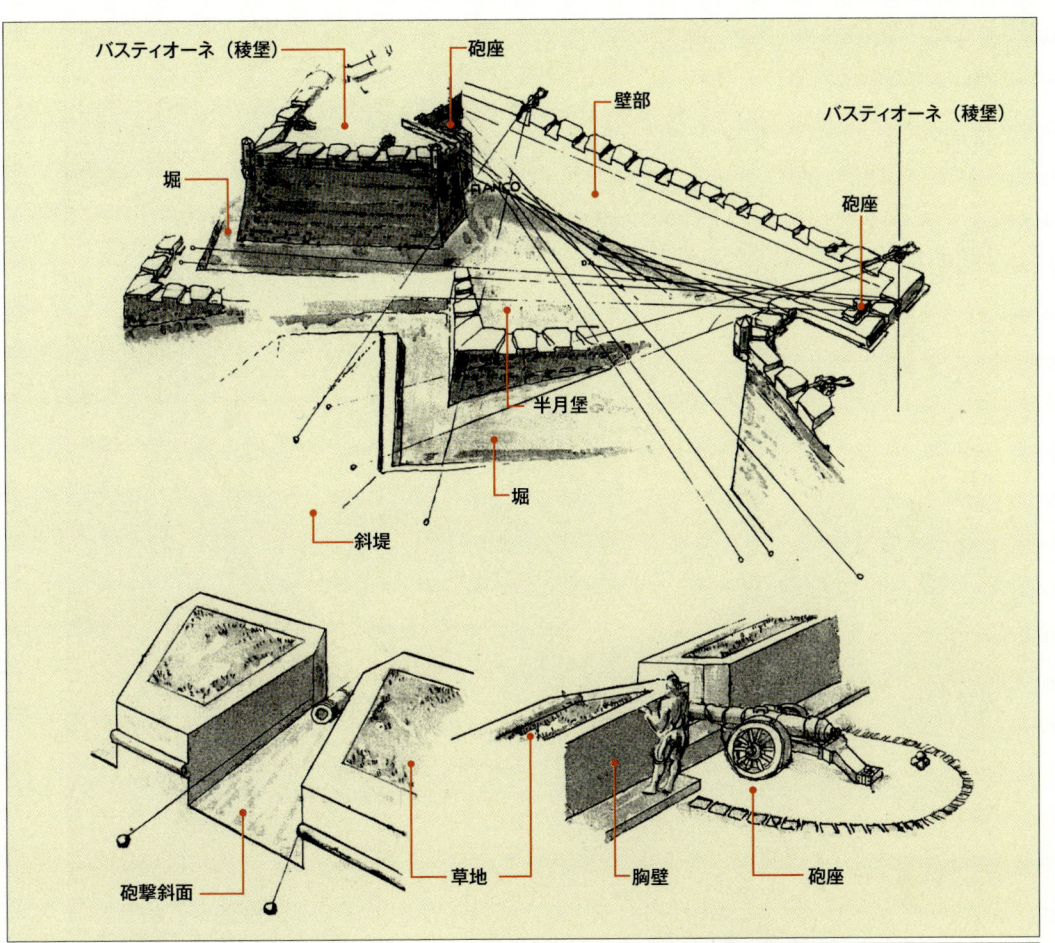

バスティオーネ（稜堡）　砲座　壁部　バスティオーネ（稜堡）

堀

砲座

半月堡

堀

斜堤

砲撃斜面　草地　胸壁　砲座

6. ルネサンス期以降の大砲の出現に対応した城壁と攻撃・防御システム。

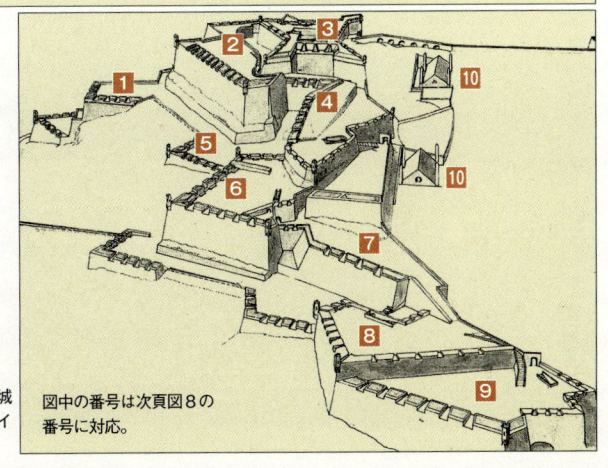

7. 斜面に連続するバスティオーネ。（城郭都市ポルトフェライオ、エルバ島、イタリア）（本文p.43）

図中の番号は次頁図8の番号に対応。

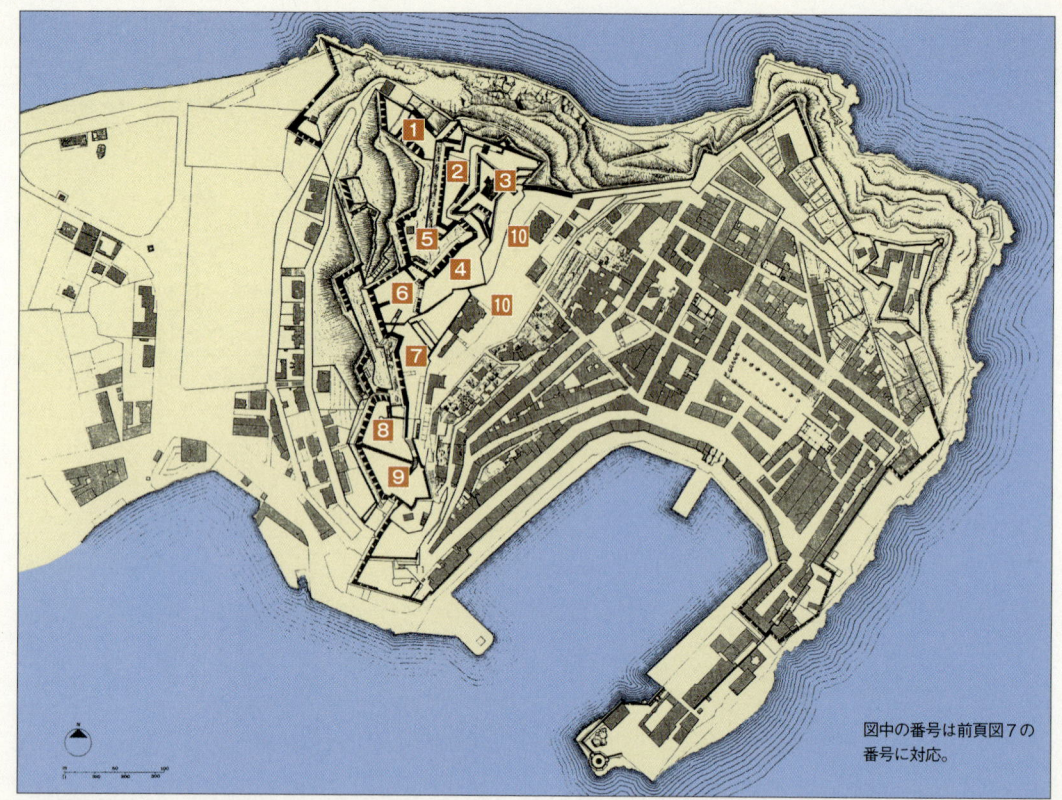

図中の番号は前頁図7の番号に対応。

8．城郭都市ポルトフェライオ。

9．海から眺めた城郭都市ポルトフェライオ。（本文p.43）

一方イギリスのエドワード1世が1277年からウエールズに建設した一連の城郭も、もう一つの完成形を示している。1258〜1322年に建てられたカナーヴォン城(本文p.27)は城郭都市の一辺に城郭が設けられた形をとっている。これは都市全体を防衛するための城郭という考え方をあらわしている。13世紀後半のイギリスは、戦乱の中世が遠のき、王権が強まる時代である。1283〜1323年に建てられたボーマリス城、1285〜90年のハーレック城(本文p.30)は、戦闘の目的というよりは、城主の権威と治安を象徴化することを目的とした形態といえる。

5. 14〜16世紀
──大砲の出現による城郭都市の変化

14世紀は13世紀に完成された中世の城郭と城郭都市に大きな変化が生じる時代である。そこには二つの傾向がある。一つは戦争の時代が去り、平和が訪れる状況に生まれるもので、城郭の居住性、美観、威厳の重視である。例としては1316〜64年に建てられたアヴィニョンの教皇の城、1392〜1411年のピエルフォン城があげられる。戦闘を主たる目的としない城郭建築は、その後も建て続けられ、フランスのシャトー建築、イタリアのカステッロ建築、ヴィラ建築につながり、最後は19世紀ドイツの新古典主義、ロマン主義の城に至る。このような、城郭の邸館化、ヴィラ化が15世紀のルネサンス期以降、ますます顕著になっていくのである。もう一つの傾向は大砲の出現に起因した城郭都市の形態の変化である。火薬を用いた大砲が出現したのは1320年代からであるが、火砲の登場によって、戦争の形態は一変した。1494年1月、シャルル8世が率いるフランス軍がナポリを征服するためにイタリアに侵入したことから始まったイタリア戦争は1559年まで続いた。この戦争はイタリア城郭都市の形態に大きな変化を与えた。都市を攻撃するための重厚で破壊力の強い大砲を備えた大規模な軍隊の出現を初め

10. 対ヴェネツィア戦役で神聖同盟に攻撃されるパドヴァ(1509年)。外からの大砲と城壁内の馬上の騎士は、戦争形態の新旧の対比を表している。出典:Niccolo degli Agostini, 'Li Successi Bellici' 1521.

て体験したイタリア都市国家は、建築家に大要塞としての城郭都市を築かせる。ミラノではレオナルド・ダ・ヴィンチ、フィレンツェではミケランジェロとアントニオ・ダ・サンガッロ・イル・ジョーヴァネ、ナポリとパドヴァではフラ・ジョコンド・ダ・ヴェローナが築城家として活躍した。こうして馬上の騎士、槍、弓矢、石投機を備えた中世の城郭都市は、その姿を大きく変えていったのである。19世紀後半、ヨーロッパの数多くの城郭都市で城壁が破壊され、その位置に環状道路ができていく。近代を迎えた城郭都市はこうして視覚的にも失われていったが、特に第二次世界大戦後は歴史的遺産として、その姿をとり戻し、保全していく方向に転換していき、現在に至るのである。

「ヨーロッパ100名城」選定にあたって

(財)日本城郭協会

　日本城郭協会では、平成18年度の「日本100名城」選定に続いて、平成22年度に「ヨーロッパ100名城」を選定した。これは、近年ヨーロッパの城を探訪する日本人が増加する一方で、古代から発展した城郭都市や、堅固な中世城郭がきちんと評価されず、戦闘に備えた「防御的な構築物」を持たない華麗な宮殿や、中世への憧れから建造・修築された擬古城に人気が集まる風潮が見られたからである。この選定を機に、ヨーロッパを代表する歴史的文化財としての真の名城を訪問し、文化遺産の往時を偲びつつ各国の歴史や建築文化の特色を学び、生涯学習の対象にしていただきたい。また、日本と同じ基準で選んであり、東西の城の類似点と差異点も大いに比較考察して楽しんでいただきたい。

〈選定基準と選定委員〉

　地理的にはウラル山脈・黒海・エーゲ海以西を対象とし、東欧・ロシアを含むヨーロッパ各国から「日本100名城」と同じ以下の基準で選定した。①優れた文化財・史跡(世界遺産など保存状態のよい城)②著名な歴史の舞台(王家・名将の拠点城郭や歴史的事件に登場した城)③時代・地域の代表(城郭発達史と地域的建築様式から特色ある城)。

　選定は城に関する学術的・学際的観点から総合的に行うために、次の5氏に選定委員を委嘱した。新谷洋二(都市工学・東京大学名誉教授・当会副会長)、樺山紘一(西洋史・東京大学名誉教授)、小池寿子(西洋美術史・國學院大學教授)、野口昌夫(西洋建築史・東京藝術大学教授)、紅山雪夫(旅行作家・城郭研究家・当会評議員)。(敬称略)

〈選定経過〉

　当会に藤宗俊一評議員をリーダーとする名城選定プロジェクトを設置し、ヨーロッパの城に関する各種の出版物・世界遺産情報などを収集するとともに、各国大使館にも資料の提供を依頼した。また、当会が近年5回にわたって実施してきたヨーロッパ城郭視察旅行の成果もふまえ、450城におよぶ一次候補をリストアップ、さらに学術的図書での紹介頻度や選定3基準をもとに125城に絞り込んだ。

　この125城のデータを選定委員に送付し、委員からの追加城郭も含めて採点いただいた。平成22年12月の選定会議では、採点表をもとに追加を含めて128城を対象に3時間にわたる激論の末、ようやく35か国から100名城の選定が決着した。そして、城は「防御的な構築物」という観点から選定されなかったが、ロアールの宮殿(フランス)と、ドイツの新古典～ロマン主義の城、それにトスカナの城壁都市(イタリア)は、コラムで扱うこととなった。アテネやローマも城郭都市の範疇を超えており、名城としての選定は見送った。

　選定結果は平成23年2月に文部科学省記者クラブで発表、さらに今回『ヨーロッパ100名城公式ガイドブック』として、刊行の運びとなった。選定会議の詳細は、当会のホームページに掲載してある。

(中城正堯・記)

〈凡例〉

●本書での城の名称や地名は、日本で慣用化しているものを除いて、現地音にできるだけ忠実なカタカナ表記とした。国名は、イギリス以外は外務省ホームページによった。本文などでは通称国名を用いた。
●選定した城には、国名・城名とも五十音順に並べ、名城番号を1～100まで付けた。また、城郭都市の名称は「城郭都市○○」と表記した。
●名城ガイドでは、まず名城番号・城名・国名を記載し、欧文(各国語ないし英文)を併記、世界遺産にはその旨付記した。続いて、「交通」(最寄り駅からの交通手段など)、「分類　様式」(城の分類区分と補足説明)、「人物　事件」(城を舞台とする人物と事件)、そして城の紹介・解説、さらに欄外に見所や撮影ポイント、世界遺産にはその正式名称を記した。訪問の際には、最新交通事情・公開日時などを、関係機関(各城のHP、旅行業者等)に確認することが望ましい。
●「分類」に用いた名称は、次の通りである。
Ⅰ．地域防御　①城郭都市(都市防御)②長城(領域防御)③防御集落(集落防御)
Ⅱ．拠点防御　①城郭(領土・所領を守る軍事・政治拠点で居館を有す)②要塞(軍のみが駐在する戦略的拠点で居館はない)③城郭修道院(防御施設を持つ修道院・教会)、これに立地による山城・平山城・平城・水城(海岸・湖岸・河岸)も付記した。
Ⅲ．地域に固有の城郭呼称①アクロポリス(ギリシャ)②クレムリン(ロシア)など。

ヨーロッパ100名城
公式ガイド

紅山雪夫
［文］

ドイツのブルク・エルツ城（本文p.84）

1 ドゥーン・エンガス

Dún Aonghasa

アイルランド

Aran Islands

自然石を空積みにした城壁と城門。手前に外郭石塁の遺構。

交通	西海岸ゴールウェイから船（90分）、またはロッサヴィールから船（20分）でアラン諸島のイニシュモア島キルロナン村へ。船着き場からマイクロバスの便がある。
分類様式	平城、防御集落、ゲール人が前2世紀頃に築く。
人物事件	文書記録がない時代のことで、なにも伝わっていない。

城内からは断崖と海の絶景が広がる。

　ドゥーンはケルト人の一派であるゲール人が紀元前に築いた城で、アイルランドとスコットランド西部に数多く残っている。

　なかでも名高いのがこのドゥーン・エンガスだ。大西洋の怒濤が砕け散る磯から垂直に切り立った断崖の上に位置し、海面（平均潮位）からの高さは63m。思わず息を飲むような絶景である。

　一般にドゥーンはみな円形だ。ドゥーン・エンガスも円形だったのに、海蝕で断崖が大きく崩落した結果、いまのように半円形になったと考えられている。

　中核をなす城壁のまわりには二重の、場所によっては三重の外郭石塁がある。そしていちばん外側の石塁の内側には、先が鋭くとがった石の逆茂木（さかもぎ）がびっしり並んでいる。ここでモタモタしている敵に矢を射かけたり石を投げつけたりして、撃退しようというわけ。

　ゲール人がまだ素朴な段階にあった時代の城だけに、規模は小さく、造りは単純だが、それだけにいっそう強く、私たちを懐旧の思いにいざなう。

城壁の内外から断崖と海の眺めがすばらしい。帰りがけに、城へ昇り降りする小道を離れて左手のほうへまわりこむと、石の逆茂木が群がり立っているありさまが見られる。まるで石と化した戦士の群れのようだ。

② ウィンザー城
Windsor Castle

イギリス
Windsor, Berkshire

全景。塔に国旗が上がっているときは女王がご滞在。

左から、三の丸、ラウンド・タワー、二の丸。

ノルマン門とモットの空堀。

衛兵。

交通	パディントン駅またはウォータールー駅より列車で約50分、ウィンザーセントラル駅下車、徒歩5分。
分類様式	平城、城郭。モット・アンド・ベイリー様式で発足。12世紀と14世紀に増改築され、壮大な石造の城塞になる。
人物事件	ウィリアム征服王、ヘンリー2世、ジョン王、エドワード3世、エリザベス2世（現女王）。

　ウィリアム征服王は各地に約80のモット・アンド・ベイリー様式の城を急造し、腹心の家臣を配置して、新たに征服したイングランド全土に睨みをきかせたが、なかでもこのウィンザー城は王自身の本拠だった。いらい王家の城として現在に至っている。イングランドの交通と運輸の大動脈、テムズ川を見下ろす丘の上に位置する。

　日本の城でいえば、モットは本丸、ベイリーは二の丸にあたる。もとは土塁に木柵と木造の塔を設けただけの城だったのを、ヘンリー2世が堅固な石造の城郭に改め、三の丸（ロウアー・ウォード）を追加。さらにエドワード3世が増築して、王城にふさわしい威容が完成した。もとのベイリーは二の丸（アッパー・ウォード）になり、のちになんども改装されて豪華な宮殿に変身した。エリザベス女王はこの城がお好きとのことで、よくご滞在になる。

　公的行事に使われる表御殿は私たちも内部を見学できる。

　モットの上にそびえる豪壮なラウンド・タワーと、二の丸の入口を固めているノルマン門が写真に好適。三の丸にあるセント・ジョージ礼拝堂は、イギリス後期ゴシックの垂直様式の傑作。石の線が天井であざやかに交錯し、大輪の花のように見事。帰りがけに玩具の国から抜け出てきたような衛兵の写真も撮っておこう。

3 ウォーリック城
Warwick Castle

イギリス
Warwick, Warwickshire

エイヴォン川の橋上から城を望む。

交通	ロンドンのマリルボン駅からウォーリック駅まで約2時間。駅から1.6km。バスの便もある。
分類様式	平城、城郭。モット・アンド・ベイリー様式で発足、13世紀から14世紀にかけて増改築され、石造の城郭になる。
人物事件	ウィリアム征服王、ヘンリー2世、ウォーリック伯リチャード・ネヴィル。

エイヴォン川に臨む高台に、ウィリアム征服王が築いたモット・アンド・ベイリーが起源。

のちに増改築されて、時代絵巻さながらの中世城郭になった。それがほぼ中世のままの堂々たる姿で残っているのが嬉しい。高い塔上からの眺めは圧巻だ。

モットが残っており、また城郭の南側、エイヴォン川に臨む部分だけは後世に優雅な城館に改装されていて、城の変遷の歴史を如実に物語っている。

血なまぐさい戦いや、王の廃位、擁立などの陰謀の舞台になったことも多い。ことに15世紀の中頃に出た城主リチャード・ネヴィルは当時のイギリス随一の実力者で、王の擁立に辣腕を発揮し、キングメーカーの異名を得た。

石牢、拷問室、キングメーカーの出陣を表した一群の人形、優雅な城館の内部、甲冑の豊富なコレクションなども見もの。

これがモットで、昔は樹木はなく、空堀で守られていた。

高い塔上に登れば中世の武者になった気分。

堅固無類のバービカン（馬出し）と大塔を備えた城門が見事。帰りがけに城壁の外側を左へまわりこむと、モットがあり、その先、エイヴォン河岸に降りるあたりに、投石機などの攻城用具が展示されている。エイヴォン川のかなたや、古風な木骨組の民家が軒を並べる城下町も絶好の撮影スポット。城下町を囲んでいた城壁と城門の一部が残っている。

4 エディンバラ城 世界遺産

Edinburgh Castle

イギリス
Edinburgh, Scotland

交通	ロンドンのキングズ・クロス駅から約4時間30分。ウェーバリー駅下車、徒歩15分。エディンバラ空港からは約13km。
分類様式	平山城、城郭。ゲイトハウス型。城の起源はもはや分からないほど古いが、確かな記録に現れるのは11世紀から。その後なんども増改築された。
人物事件	マルコム3世、聖女マーガレット、マレー伯ランドルフ。

険阻な岩山の上にあり、東側の尾根続きの部分だけ守りを固めればよいという天然の要害。

シェイクスピアの悲劇で知られるダンカン王の子で、マクベスを敗死させて王位に就いたマルコム3世は、11世紀後半の人物だが、この城を本拠にしたことが文書記録として残っている。

その妃マーガレットは信仰心が篤く、修道院や施療院を造って貧民や病人の救済につとめ、死後に聖女に列せられた。聖女マーガレットの礼拝堂は、この城に現存している最古の建物。

13世紀末にこの城はイングランド軍に奪われた。そこでマレー伯ランドルフが奪回をはかったのだが、ふつうの手段では落ちそうにない。ところが配下の一兵士がこの城に在勤中、夜よく岩壁を登り降りして恋人に遭いに行ったという。そこで彼に先導させ、マレー伯は13人の決死の勇士とともに闇に紛れて岩壁をよじ登り、城内に潜入。内側から城門を襲い、城外で待ち受けていた味方を引き入れる。案内知ったる城内のこと。闇のなかであわてふためくイングランド勢を斬り伏せ、突き伏せ、城を奪回した。

16世紀からは、この城では手狭なため、王家は市内のホウリルード宮殿に移ってしまった。

夏には城の前の広場で、スコットランド連隊の伝統的な演武や奏楽が行われる。

城は険阻な岩山の上にある。

衛兵はスコットランド伝統のスカートにスポラン（さげ袋）という軍装。

岩山の麓にあるプリンシズ・ストリート公園から見上げたところが見事（写真参照）。城内には大ホールなどが残っているが、もとの王宮にしては質素な感じである。一部はスコットランド連隊博物館になっている。

世界遺産登録名　エディンバラの旧市街と新市街

5 カーフィリー城
Caerphilly Castle

イギリス
Caerphilly, Wales

交通	カーディフの北約10km。カーディフからバスで約50分。
分類様式	水城、城郭。ノルマン様式、輪郭式、13世紀後半。
人物事件	グラモーガン伯・アール・ギルバート、ウエールズの豪族ルーエリン。

　ダムで川をせきとめて出現させた湖に守られた独創的な水城。

　二重の跳ね橋を渡ると、東の前郭があり、堅固な塔門と、ダムの上を左右にのびる城壁で守られている。高い塔門の上からは城の全景が見ものだ。さらに跳ね橋を渡り、内外二重の城壁と壮大なゲイトハウスを備えた本丸（インナー・ウォード）に入る。城壁の隅塔の一つは戦乱で傷ついたまま、いまにも倒れそうに傾いている。

　本丸の中庭には井戸、厨房、大ホール、礼拝堂、城主の居館などの遺構があり、その昔の城内での生活を物語っている。

　もともとウエールズは別個独立の国だったのに、イングランド勢にじりじりと領土を奪われた。そこで反撃に立ち上がったのがルーエリンで、ウエールズ王を称した。この城はそれに対抗し、イングランド人の領主ギルバート伯が築いた。両軍のあいだで激戦が繰り返されたあと、ルーエリンは決戦に敗れ、和議が成立する。ギルバート伯は本拠に引き揚げ、この城は存在意義を失い、放置されるに至った。

東の前郭の塔門から本丸を見わたす。

ダムの上から内外二重の城壁を備えた本丸を見る。

本丸の中庭。この塔門から西の前郭へ出られる。

　実戦向きに築かれた堅城で、しかも特異な水城だけに、城郭マニアの血を沸かせる。撮影スポットは極めて多い。広い水面のかなたに本丸を望む景観もその一つ。本丸を通り抜け、橋を渡ると、城の搦手にあたる西の前郭に出られる。ここは戦乱ですっかり破壊され、つわものどもの夢の跡という感慨が胸に迫る。

6 カナーヴォン城 世界遺産　　　　　イギリス
Caernarfon Castle　　　　　Caernarfon, Wales

交通	バンゴールからバスで約25分。
分類様式	平城、城郭。エドワード式集中型、連郭式ともいう、1283年に着工、約50年後に完成。
人物事件	エドワード1世、歴代のプリンス・オブ・ウエールズ、チャールズ皇太子。

　北ウエールズの完全な征服をめざし、エドワード1世が築いた六つの城の一つ。ウィリアム征服王が築いたモット・アンド・ベイリーの跡地を占める。南側はセイオント川、西側は海を自然の堀とし、あとは空堀で囲まれていたが、いまでは空堀は半ば埋められてしまった。高い城壁の上に、さらに高い塔が群がり立ち、イギリスでも1、2を争う名城とされている。

　1284年、建設途中の城内の仮屋で、王の長男（のちのエドワード2世）が生まれた。王は征服されたウエールズ人の反発をなだめようと、この子をプリンス・オブ・ウエールズ（ウエールズ公）に叙任したが、かえって逆効果だった。民衆は「討ち死になすったルウェリンさまがおらたちの最後の殿様。あとはみなヨソ者の押し込みよ」と、悲憤の涙を流す。融和に至るにはなお200年の歳月を要した。

　歴代の皇太子をプリンス・オブ・ウエールズに叙任する伝統はこうして生まれ、チャールズ皇太子もこの城でプリンスとしての戴冠式を挙げた。

セイオント川の対岸から。

本丸。モットの跡が見える。

二の丸。曲輪が縦に並んでいるので連郭式という。

歩廊（武者走り）、胸壁、矢狭間がよく残っている。

　本丸にチャールズ皇太子の戴冠式の資料が展示されている。高い塔上からの眺めは圧倒的。中庭の円形の部分はモットの跡を記念したもの。城壁の歩廊、胸壁、矢狭間などがほぼ完全に残っている。城の全景はセイオント川の対岸からがいちばん。城下町の城壁と城門もかなりよく残っている。世界遺産登録名　グウィネズのエドワード1世の城群と市壁群

7 コーンウィー城 世界遺産　　イギリス
Conwy Castle　　Conwy, Wales

交通 ロンドン、チェスター、カーディフなどから鉄道を利用。コーンウィー駅から徒歩約5分。バスなら、バンゴールから約40分。

分類様式 平城、城郭。エドワード式集中型、連郭式ともいう、1283年から突貫工事で6年で完成。

人物事件 エドワード1世、チャールズ1世、ピューリタン革命、国王派と議会派の戦い。

エドワード1世が北ウエールズに築いた城の一つ。細長い岩山を占め、東側と南側を海、コーンウィー川、ガファン川に囲まれた天然の要害。残りは深い空堀で守られていたが、空堀の北側は埋められ、西側は駐車場への道として残っている。西の城門から二の丸に入り、本丸へ進む。その先には東の城門があり、水門に通じていて、海から船で乗りつけることができた。カナーヴォン城も後述のハーレック城もみなそうだが、海に接している。ウエールズ人が反乱を起こした場合、陸路は遮断される恐れが大きいので、イングランド得意の水軍で連絡を取りあい、援軍や兵糧を海から送りこもうという作戦だった。

城の両翼から城壁が延びて、城下町を囲んでいる。王はこの町を造成し、イングランドから商人や職人を誘致した。ウエールズ人は昼間しか町に入ることを許されず、もとは自分たちの土地だったのにと口惜しがった。

海上から城の全景を眺める。

本丸。向こうに海とコーンウィー川が見える。

二の丸。この先に西の城門がある。

城は1640年代のピューリタン革命で国王派と議会派との戦場になり、城内の建物は壊れたが、もともと頑丈な造りだったので、城の本体はビクともしていない。かえって古城の趣が深いぐらいだ。城は八つの大円塔を擁し、塔上からは雄大な景観が楽しめる。城の全景は船の上からか、それとも駐車場への道の途中から。**世界遺産登録名** グウィネズのエドワード1世の城群と市壁群

8 ドーヴァー城
Dover Castle

イギリス
Dover, Kent

交通	ロンドンのチャーリング・クロス駅から列車で約1時間40分。ドーヴァー・プライオリー駅下車、バスの便あり。
分類様式	平山城、城郭。古くは紀元前の丘砦、新しくは16世紀以降の稜堡を含む、イギリス王家の城。
人物事件	ウィリアム征服王、ヘンリー2世、フランス王太子ルイ、城代ヒューバート。

　ドーヴァー海峡を見下ろす白亜の丘にある。海側の白亜の絶壁は高さ114m。城は陸側の尾根筋を固め、内外二重の城壁が斜面の上に連なっていて壮観だ。ブリトン人の丘砦の跡にローマ人が造った灯台が、この城に現存している最古の建造物。城の本体はウィリアム征服王が築いた土塁程度の城を、ヘンリー2世が改築して天下無双の堅城に仕上げたもの。

　現在、高さ25mをこえる巨大なキープ（天守）には武具甲冑などを展示してあり、屋上からはドーヴァー海峡と港が一望のもとだ。

　悪名高いジョン王のとき、有力貴族たちがフランスの王太子ルイを擁立してイギリス王位に就けようとし、大挙してこの城を攻めた。落城寸前にまで追いこまれながらも、城代ヒューバートが奮戦力闘して守りぬく。結局ルイは撤退したが、ヒューバートは大手門のあたりに構造的な欠陥があることを痛感。門内に石を積み上げて閉鎖し、別の場所に新たに防備厳重な大手門を造った。これがコンスタブル（城代）門で、私たちもこの門から城内に入る。

　16世紀以降、大砲の発達につれて、城壁もキープも大砲を据えつけられるように改装され、高い塔は撤去された。敵軍が砲撃のために距離測量をする際、高い塔は格好の目標にされるからだ。そのため中世城塞の趣はだいぶ失われた。のちには最外郭に稜堡もできた。常に実戦即応の城だったわけである。

外城壁とコンスタブル門。

内城壁とキープ。

　ゲイトハウス型のコンスタブル門と外城壁、「エリザベス女王のポケット・ピストル」という愛称で知られる青銅製の巨砲、内城壁とキープの眺め、ローマ時代の灯台とサクソン時代のセント・メアリー教会を前景に、キープを遠望するあたりなどが撮影スポット。

9 ハーレック城 世界遺産

Harlech Castle

イギリス
Harlech, Wales

交通	カナーヴォンの南約33km。ハーレック駅から徒歩約15分。
分類様式	平山城、城郭。キープ・ゲイトハウス型、1283年に着工し、7年後に完成。
人物事件	エドワード1世、ウエールズ人の反乱、イングランドの王と領主たちの紛争。

険しい岩の高台の突端にあり、築城当時は海が高台のすぐ下まで迫っていた。いまでは海は2kmのかなたまで退き、牧草地や畑になっている。

エドワード1世が北ウエールズに築いた城の一つだが、規模はあまり大きくない。岩をうがった空堀、テラス状の外城壁に続き、高い内城壁があって、堅固なキープ（天守）・ゲイトハウス（城門塔）と四隅の円塔で守りを固めている。

風が吹きつのるときは、城壁の外側ではまともに立っていられないほど、風当たりが強い。

約60mの崖下に、その昔は船着場があり、水門があって、石段だらけの坂道が城と水門を結んでいた。水門と坂道を守っていた城壁の跡が残っている。ここでも王は城と海との連絡確保に心を砕いていたのだ。

城内には、中庭をめぐって大ホール、礼拝堂、守備兵の部屋、厨房、倉庫、牢獄などの荒れ果てた遺構があり、東南の隅塔からは内城壁の上に登れる。

17世紀に至るまでこの城は、再独立をめざすウエールズ人の反乱や、イングランドの王と領主たちの紛争でたびたび争奪の的になり、荒れ果ててしまった。

エドワード1世はここでも城下町を造り、城と連結している城壁で囲んで、イングランドから商人や職人を誘致した。イザというときは、城下町の住民も防衛に参加させようという作戦だった。しかし地の利を得ず、町はあまり発展しなくて、ひなびた風情をとどめている。

城の全景。左手は崖下まで海だった。

テラス状の外城壁に続き、内城壁がそびえる。

外側からキープ・ゲイトハウスを見上げる情景がまず撮影ポイント。修復工事のため閉鎖されていることも多いのだが、もし公開されていれば、143段の石段を踏みしめて内城壁に登ってみよう。古城らしい情景が展開する。次は外側の岩頭にまわり、水門への坂道、水門と城壁の遺構をカメラに収めておこう。**世界遺産登録名** グウィネズのエドワード1世の城群と市壁群

10 ロンドン塔 世界遺産

Tower of London

イギリス

Tower Hill, London

ホワイト・タワー。もとは3階にしか窓がなく、入口は2階で、梯子がかかり、夜は梯子をなかに引き上げた。

テムズ川の対岸から。

交通	地下鉄タワー・ヒル駅から徒歩約5分。
分類様式	平城、城郭。輪郭式、王家の城、1098年に築城がはじまり、増改築を重ねる。
人物事件	ウィリアム征服王、ヘンリー3世、エドワード1世、リチャード3世、アン・ブーリン、ジェイン・グレイ。

ウィリアム征服王が、当初のモットを撤去して本格的な石造のキープを築き、石灰を塗って真っ白に仕上げたので、ホワイト・タワーの名がついた。

増改築が繰り返され、キープを中心に内外二重の城壁ができて、写真で見られるように、典型的な輪郭式に発展。はじめは王の居城の一つとして、のちには王冠や王家の財宝の保管庫、身分の高い国事犯の拘禁や斬首の場、などとして使われた。

名高い例として、まだ少年だったエドワード5世とその弟は、叔父リチャードの策謀で幽閉され、樽詰めのワインに首を押し込まれて殺されたと伝えられる。ヘンリー8世の妃アン・ブーリンは、姦通のぬれぎぬを着せられて斬首され、イギリス随一の才媛とうたわれたジェイン・グレイは、父の野望の犠牲になり、芳紀16歳で斬首された。

18世紀以降、武備厳重な城としての役目は終わり、大手門の前郭は取り壊され、堀は埋め立てられて芝生になった。またテムズ川は外城壁に接していたのに、水門を残すのみで、河岸に広いテラスが造成された。

ロンドン塔の模型。前郭が見える。

堀は芝生になったが、外城壁の砲門は健在。

城郭愛好派はブラディー・タワー（血まみれ塔）から内城壁に登り、少年王とその弟の悲劇の間、城門の落とし格子の巻き上げ装置、城の模型、塔内の部屋などを見よう。そのあとホワイト・タワーに入り、重厚なノルマン様式の礼拝堂、武具甲冑などの興味深い展示を見よう。以上いずれも通常の観光コースには入っていない。 世界遺産登録名 ロンドン塔

11 城郭都市ヨーク
York

イギリス
North Yorkshire, England

交通	ロンドンのキングズ・クロス駅からヨーク駅まで鉄道で約2時間。
分類様式	城郭都市。ローマ時代には軍団の本部が置かれ、町は城壁で囲まれた。中世にできたモット、城壁、城門もよく残っている。
人物事件	ローマ皇帝ハドリアヌス、コンスタンティヌス大帝、バイキングの侵入と定着。

　ローマ時代には軍団本部があり、ブリタニア北部の中心地だった。ローマ帝国の崩壊後もその重要性は変わることなく、イングランド北部の宗教、文化、経済の中心地であり続けた。この国に二つしかない大主教座が、一つはカンタベリーに、もう一つはヨークに置かれていることでも、それは分かる。

　近代の産業革命には取り残されたが、それがかえって幸いし、ローマ時代の城壁、その後に拡張された中世の町の城壁や城門、そして美しい旧市街がよく保存されている。イギリス随一の趣深い城郭都市である。

　その間、バイキングの本拠になって交易で大繁栄したり、のちにはウィリアム征服王がモット・アンド・ベイリーを築いたりした。

　ローマ時代の軍団本部の城壁の上も、中世の町の城壁の上も、ずっと歩くことができ、城門の上にも登れる。モットの上にあった木柵と木造の塔は、13世紀に石造のキープに改築され、やはり登れる。

ローマ時代の町を囲んでいた城壁の隅塔。

モットと石造のクリフォーズ・タワー。

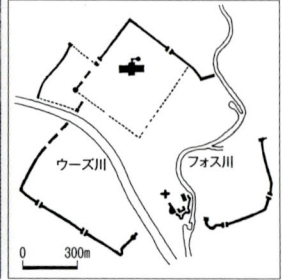

中世城壁のブーサム門。ブーサム・バーと呼ばれる。

ヨーク見取り図。

　上記のほか、ゴシック式の大聖堂、旧市街に軒を並べる木骨組の家々、ヨルヴィーク・バイキング・センターも訪ねてみよう。クリフォーズ・タワーのすぐ東南側にあるカースル博物館は、その名のとおり、かつてのベイリーの跡にできた城の、そのまた跡にできた民俗博物館。裏手の川っぷちに城の遺構がある。

12 エステ城（フェラーラ） 世界遺産　　イタリア共和国
Castello Estense　　Ferrara

防御施設と居住空間を合わせた城郭の傑作。

交通	ボローニャからパドヴァ、ヴェネツィア方面の列車で約30分。
分類様式	平城、城郭。1385年築城、改築が繰り返された。
人物事件	バルトリーノ・ダ・ノヴァラ、ニコロ3世、リオネッロ、エルコーレ1世。

端麗なルネサンス式の中庭。

市の中心に位置する。方形の中庭を囲み、四隅に巨大な角塔を擁して、石落としがびっしり並び、堀で守られている。城門は二重になった厳重な構えで、それぞれ跳ね橋がある。

すぐれた防御施設と居住空間を巧みに一体化したルネサンス城郭の傑作である。一階は衛兵詰所、役所、兵舎、廐、倉庫などにあてられた。2階は公国の政務に使われ、いくつもの豪華な部屋がある。3階はエステ家の居住空間で、テラスがめぐらされ、戦闘の際にはこのテラスに兵士が配置された。フェラーラは独立の公国であり、エステ家が君主だった。

ニコロ3世、リオネッロ、エルコーレ1世の時代には、ピサネッロ、ピエロ・デラ・フランチェスカ、マンテーニャ、アルベルティなど当代一流の芸術家たちが招聘され、ルネサンス文化の花が開いた。この時代のイタリア史を彩った女性ルクレチア・ボルジアも、エステ家にお輿入れしてきた。

また軍事技術においては、大砲の製造とその戦場での活用に巧みだったことで知られる。

ルネサンス時代の衣装でパレード。

この城はまわりが割に広々としていて、堀もあり、さまざまのアングルから全景写真を撮れる。城内は案内人とともに一団となって見学する仕組み。見事な中庭、さまざまの運動競技を描いた16世紀のフレスコ画で名高い「諸競技の広間」、礼拝堂、玉座の間、地下牢などが見もの。旧市街を囲んでいる城壁（稜堡）もかなりよく残っている。 世界遺産登録名 フェラーラ：ルネサンス期の市街とポー川デルタ地帯

13 カステル・デル・モンテ 世界遺産
Castel del monte

イタリア共和国
Andria, Bari

春秋の好季節には野の花が彩りを添える。

交通	バリからアンドリアまで列車で約1時間。アンドリア市内から城まで約20km、バスの便あり。
分類様式	平山城、要塞。独特の美しい幾何学的な構成、離宮のような性格を持つ、1240年頃築城。
人物事件	ドイツ皇帝兼シチリア王フリードリヒ2世、愛称は「おらたちのフェデリーゴさま」。

「山の城」という意味。海抜540mのなだらかな山の頂上にあり、眺望がすばらしい。

ドイツ皇帝であり、父ハインリヒ6世の結婚と相続の関係からシチリア王でもあったフリードリヒ2世が築いた。

彼は時代から抜きん出た合理的思考の持主で、政治・軍事にすぐれた能力を発揮し、イスラム文化、数学、実験を重んじる自然科学にも造詣が深かった。

この城にもそれがよく表れている。数学的に最も美しいとされる黄金比を用い、全体が八角形の平面で構成され、八隅にそれぞれ八角形の塔を擁する。城内では八角形の中庭を中心に、八方に同じ形の壮麗なゴシック式の部屋が配置されている。他に類例のない独創的な構成だ。

軍事目的や居住目的のためではなく、一種の離宮のような存在だったろうと考えられている。

後年にはナポリ王家の狩猟とか賓客接待とかに利用されたが、やがてまったく放棄され、一時は山賊の棲家になっていた。それがイタリア統一後に歴史的建造物として見直され、1928年から完全な修復が行われた。

カステル・デル・モンテ平面図。

階上から八角形の中庭を見下ろす。

少し離れたところから全景写真を撮るとすばらしい。全体としてはゴシック式だが、入口の枠組みは古代の凱旋門の形を模してある。城内は13世紀の築城当時のままという感じで、家具調度の類は置かれていない。

世界遺産登録名 デル・モンテ城

14 カステル・ヌォヴォ（ナポリ） 世界遺産　　　イタリア共和国
Castel Nuovo　　　Napoli

アンジェ城によく似た様式である。

交通	ナポリ中央駅からバスの便あり。アンジョイーノ下車。
分類様式	平城、城郭。シチリア王家、ナポリ王家の城、1279年に築城。
人物事件	アンジュー家出身のシチリア王シャルル1世、アラゴン王家のアルフォンソ1世。

アルフォンソ1世が付加したファサード。

「新城」という意味。800年以上も前の古い城なのになぜ？

中世のイタリアでは、ドイツ皇帝とローマ法王が激しい抗争を繰り返した。前記フリードリヒ2世の時代には、ローマ法王側は手も足も出なかったのだが、彼の没後、ローマ法王側は法王に忠実なフランスのアンジュー家からシャルルを呼び込み、シチリア王にして、フリードリヒ2世の後継者を殺害させた。

シチリア王国には南イタリアも含まれていたので、シャルルはこの城を新築して本拠にした。モデルになったのはアンジュー家のアンジェ城（p.96参照）。

ナポリには以前から玉子城（たまごじょう）という城があったから、地元民はそれを旧城、こちらを新城と呼んだのが、名称の由来。

しかしシャルルの圧制は地元民の総スカンを食い、シチリアでは大反乱が起こる。善政を布いて地元民に慕われていた「おらたちのフェデリーゴさま」の孫娘が、嫁ぎ先アラゴン王家の軍勢とともに呼び戻された。

この城は波乱万丈の歴史を参考にしつつ見学すると、いっそう興味深い。

城と港を背に新婚カップルが記念撮影。

まず広場を前景に城の全容をカメラに収めよう。正面入口の白大理石のファサードは、アラゴン王家のアルフォンソ1世がナポリ入城を記念して付加した。ルネサンス式ファサードの傑作だ。城内には城郭愛好派の興味をひくようなものはない。城の背後に出て港を眺めると、領土拡大の野心に燃えていたシャルルが、ナポリ港のほとりに築城した意図が読めそうだ。　世界遺産登録名　ナポリ歴史地区

15 カステルヴェッキオ（ヴェローナ） 世界遺産
Castelvecchio

イタリア共和国
Verona

城塞化された橋と城を眺める。

交通	ミラノ中央駅からヴェローナのポルタ・ヌオーヴァ駅まで列車で約1時間45分。駅から徒歩。バスの便もあり。
分類様式	平城、城郭。1354年に築城開始。
人物事件	スカリジェリ家のカングランデ2世、ダンテ。

一部残っている堀跡にかかる跳ね橋。

中世後半、イタリアの北部、中部では国王が事実上いなくなり、多くのコムーネが成立した。周辺の農村地域をも合わせた一種の都市国家で、最初はみな民主制だったが、そのうちに独裁者が台頭して、多くは君主制に移行した。ミラノ、フェラーラ、ヴェローナなどはその適例だ。

ヴェローナの君主は変転したが、14世紀にはスカリジェリ家が全権を握り、市の黄金時代を築く。この城はスカリジェリ家のカングランデ2世が1354年に築城を開始したもの。

当時の都市城壁の西南隅に位置し、北側はアディジェ川で守られ、その他は堀で囲まれていたが、後世に道路拡張のため堀は埋め立てられ、城門の跳ね橋だけが健在で、ありし日の城の姿を物語っている。

アディジェ川には城塞化された橋がかかっている。川向こうからこの橋と城を眺めると、城郭愛好派の血を沸かせるような趣がある。実戦本位の剛健な城という感じだ。

詩人ダンテは政争に巻き込まれて故郷フィレンツェを追われ、一時この城でかくまわれていた。

川を上下する敵船をこの橋で迎撃。

別名カステル・スカリジェロ。本来の家名はスカラだが、スカラ家一統という意味でスカリジェリと呼ばれるようになったそうだ。スカリジェロは男性・単数の形容詞形。まず川向こうから橋と城を合わせて全景を撮ろう。それから橋を渡り、反対側から城内へ。市立博物館になっている。中庭に見事なカングランデの騎馬像があり、14世紀の甲冑の有様が分かって興味深い。　世界遺産登録名　ヴェローナ市

16 サンタンジェロ城 世界遺産

Castel Sant'Angelo

イタリア共和国

Roma

交通	地下鉄A線 レパント駅から徒歩約15分。
分類様式	平城、要塞。135年ローマ皇帝の陵墓として着工、5世紀に城塞化、16世紀稜堡式の外郭。
人物事件	ローマ皇帝ハドリアヌス、法王グレゴリウス1世、歌劇「トスカ」。

　サン・ピエトロ大聖堂と法王宮殿にほど近いテヴェレ河畔に、堂々たる姿を見せている。135年ローマ皇帝ハドリアヌスが自分の陵墓として建設開始。3世紀にローマの都市防衛施設に組み込まれた。

　14世紀にローマ法王がイザというときに避難できる城塞に転用され、高架式の城壁のような秘密通路で、法王宮殿と直結された。

　もとの陵墓は円形で、城塞化されたとき方形の基壇の四隅に塔状の防御施設が付加され、陵墓の上には法王の居室などが、下層には牢獄などが造られた。のちには五角形の稜堡式の外郭もできた。

　590年にペストが大流行したとき、法王グレゴリウス1世が群集を引き連れて市内を巡礼し、病魔退散を祈ってここまで来たところ、病魔退散の守護天使ミカエルが、城の上に降り立つ幻を見た。いらいペストは収束。サンタンジェロ（聖天使）城の名が生まれた。

　この城には法王庁に危険視された著名な芸術家や政治改革論者などが投獄され、歌劇「トスカ」の舞台になった。

城の屋上に大天使ミカエルの巨像、右に聖天使橋、左に「トスカ」第三幕のテラス。

城の全景。

ローマの城壁も見ておこう。3世紀に皇帝アウレリアヌスが築いた。全長約19km。ただサンタンジェロ城に近いあたりは、後世にローマ法王が城壁を西方に拡大したため不要になり、撤去された。古代の面影が最もよく残っているのはアッピア門のあたり。この門から城壁の上に出ることができる。さらに古いセルヴィウスの城壁の遺構も、市内のあちこちに残っている。 世界遺産登録名 ローマ歴史地区、教皇領とサン・パオロ・フォーリ・レ・ムーラ大聖堂

17 スフォルツァ城（イモラ）
Rocca Sforzesca

イタリア共和国
Imola

ルネサンス時代のままの城塞。

交通	ボローニャのバスターミナルからイモラ行きのバスがある。
分類様式	平城、城郭。ルネサンス式、14世紀初頭に築城、15世紀後半に大改築。
人物事件	ジャン・ガレアッツォ・スフォルツァ、カテリーナ・スフォルツァ、チェーザレ・ボルジア。

13世紀の砦跡に、14世紀初頭に築城され、15世紀後半にスフォルツァ家が大改築を加えた。

かつての堀がいまでは草地になっているほかは、ほぼ原形をとどめていて、ルネサンス時代の城塞の好例だ。

法王シクストゥス4世の甥リアーリオは、故郷の町役場でしがない書記をしていたのが、法王の近親重用の悪弊（ネポティズモ）によってフォルリの領主に任ぜられる。そしてミラノのスフォルツァ家の公女カテリーナを奥方に迎え、婚資としてこの城を得た。

しかしリアーリオは人望がなく、法王の没後、家臣の陰謀で殺される。カテリーナは巧みな策を用いてこの城に入り、子供たちを人質に降伏開城を迫る反逆者たちに対し、城壁の上でドレスの裾をパッとまくり上げ「なんたる馬鹿者。子供なんてここからいくらでも生めるのを知らないのか」と大喝。芳紀25歳、領主の奥方が！　風向きは一変し、反逆者たちは遁走した。しかし11年後にチェーザレ・ボルジアに攻め落とされる。

巡警歩廊に石落としが並ぶ。

跳ね橋（後世に改変されている）。

城塞としての保存状態は抜群だ。石落としが完全に残っているのもその一例。チェーザレ・ボルジアに攻められたとき、カテリーナは降伏を装い、チェーザレに入城するように誘う。彼が軍兵の先頭に立って跳ね橋に足を掛けた瞬間、跳ね橋を吊り上げ、彼だけ城内に転がりこませる作戦だった。が、土壇場で失敗。城は落ち、彼女自身も寝室で丁重に攻め落とされた。

18 スフォルツァ城（ミラノ）
Castello Sforzesco

イタリア共和国　Milano

交通	市内地下鉄M2ランツァ駅、M1カイロリ駅から徒歩約5分。
分類様式	平城、城郭。ルネサンス式、1360年代に築城、15世紀後半に大増築。
人物事件	ヴィスコンティ家のガレアッツォ2世、フランチェスコ・スフォルツァ、ダ・ヴィンチ。

　ミラノはローマ時代から北部イタリアの中心をなした都市で、中世に数多く成立したコムーネ（都市国家）のなかでも最有力だった。最初は民主制だったが、1260年頃にトリアーニ家が全権を握り、1277年からはヴィスコンティ家がそれに替わった。

　この城は同家のガレアッツォ2世が1360年代に築いた小さな城が起源。同家の衰退に乗じ、1447年に市民が決起して民主制を回復し、この城も一部を残して取り壊した。しかし民主制はわずか3年しか続かず、傭兵隊長フランチェスコ・スフォルツァが、宿敵ヴェネツィアに大勝して人気絶大になった勢いに乗り、独裁権を確立。ミラノ公を号し、大増築を行ったのが現在の城である。

　防備堅固で、しかも全体の形が非常に美しく、ルネサンス城郭建築の傑作だ。一辺180mの方形で、要所に大円塔、外郭と内郭の正面入口に見事な角塔を擁し、高い城壁にも塔にも銃眼と石落としが整然と並ぶ。一部を除いて空堀も健在だ。空堀に降り立った敵兵を背後から狙う銃眼も設けられている。

　外郭、内郭は、いわゆる連郭式で、外郭は公的行事や閲兵などに、内郭はミラノ公一家の居住や、政務などに使われた。現在、内郭の大部分は美術館になっていて、ミケランジェロの遺作で未完に終わった「ロンダニーニのピエタ」をはじめ、すぐれた彫刻、絵画、家具調度、古楽器などを蔵している。

内郭正面入口の角塔。背後に大円塔。

内郭の中庭。典雅なルネサンス式。

　外側からは、正面入口の角塔を見上げる情景、斜め方向から城壁と大円塔の威容を眺める情景がすばらしい。外郭に入ると、内郭正面入口の角塔と大円塔のコンビがいい絵になる。空堀に降り立った敵兵を背後から狙う銃眼は、内郭の裏側入口のあたりによく残っている。また東北側の脇門には跳ね橋がある。

19 フランチェスコ城（サン・レオ）
Rocca Francesca

イタリア共和国
San Leo

交通	フィレンツェから88km。リミニ駅からサン・レオまでバスの便あり。
分類様式	山城、城郭。15世紀に築城、ルネサンス式。
人物事件	聖レオ、ウルビノ公フェデリーゴ2世、同グイドバルド、建築家フランチェスコ・ディ・ジョルジョ、カリオストロ伯爵。

絵に描いたように見事な山城。サン・レオの町は、聖マリーノ（p.61参照）の仲間で、迫害を逃れてこの山中に庵を構えた聖レオが開祖と伝えられ、ルネサンス史に名高いウルビノ公モンテフェルトロ家発祥の地だ。

同家は12世紀にマルケ地方の北部を統一。ウルビノに領主館を構え、北イタリアの諸都市のために傭兵隊長として功績をあげ、財をなした。15、16世紀に出たフェデリーゴ2世、グイドバルド親子の時代に全盛期を迎え、ウルビノにはルネサンス文化の花が開く。

その時期、サン・レオにあった館をもとに、シエナ出身の建築家フランチェスコ・ディ・ジョルジョを用いて、圧倒的な質感を持つ城郭を築き、北からの侵入者に備えたのがこの城。1500年代初頭、チェーザレ・ボルジアによってモンテフェルトロ家が追放されたあとは、法王領の城になる。そして交通不便な山上にある堅城で、脱走は不可能なため、政治犯、思想犯の牢獄として使われた。

絶壁と大円塔で守られた大手門。

銃眼が近寄る敵を見下ろしている。

大円塔の内部。銃眼と石落とし状の砲門が見える。

中世ヨーロッパでは魔女・妖怪・呪術・錬金術など、異端の世界が闇に潜んでいた。威容を誇るこの城郭の展示室には、城主が研究した遺品が展示してある。人面の魚体標本や、からす天狗のような仮面、さらに妖怪図から生体解剖に取り組む図まであり、おどろおどろしい世界の一端を堪能できる。ただ、今に残る牢獄に入ったとたんに扉が閉まって、閉じ込められた人もいるのでご用心！

20 城郭都市アッシジ 世界遺産

Assisi

イタリア共和国

Assisi, Perugia, Umbria

交通	ローマからアッシジまで列車で約2時間。駅から旧市内までバスの便あり。
分類様式	城郭都市。古代にウンブリア人が建設、11世紀にコムーネ成立、13世紀に城壁と城塞。
人物事件	聖フランチェスコ、聖女キアラ、シモーネ・マルティーニ、ジョット。

　平野のなかに高く盛り上がった丘を占めている。常に外敵防御を重視した古代人にとっては、絶好の立地であったろう。古代にウンブリア人の町として発足。いらいローマ人など、支配者は変転したが、11世紀にはコムーネ（都市国家）が成立し、商業や手工業を中心に発展の時代を迎える。

　テヴェレ川を隔てて19kmの近さにあったペルージアとは、同じくコムーネでありながら商売仇として極めて仲が悪く、油断もスキもならなかった。そこで、すでに古代からあった城壁の残骸を修復したり拡張したりして、13世紀には町を囲む堅固な城壁ができ、14世紀にはさらに増強された。

　また防衛力を強化するため、城壁が丘の最高地点を通っているところに、一つの独立した城ともいうべきロッカ・マッジョーレ（大きいほうの要塞）を、さらに城壁の東北隅で防衛上の弱点になっているところに、ロッカ・ミノーレ（小さいほうの要塞）を造ったのである。

　一方アッシジは聖フランチェスコゆかりの町として名高い。

城壁に設けられた城門の一つ、サン・フランチェスコ門。

ロッカ・マッジョーレの勇姿。

街角からロッカ・マッジョーレを見る。

まず聖フランチェスコ修道院聖堂を訪ね、シモーネ・マルティーニやジョットの名画を鑑賞。ついで聖堂を背に、サン・フランチェスコ通りを上がって、町の中心コムーネ広場へ。ここから丘の高みに向かって、狭い石段や急坂の小道を登ってゆくと（どの小道でも結局は同じ）、頭上にロッカ・マッジョーレが勇姿を現す。なお城壁とその城門は各所で見られる。 世界遺産登録名 アッシジ、聖フランチェスコ聖堂と関連遺跡群

21 城郭都市ポルトヴェネレ 世界遺産
Portovenere

イタリア共和国
Portovenere, Liguria

塔状家屋群の背後にサン・ロレンツォ教会と城塞。（©イタリア政府観光局　Fototeca ENIT）

交通	ジェノヴァからラ・スペツィア駅まで約1時間30分。駅よりポルトヴェネレへのバスの便あり。
分類様式	城郭都市。古代からの海港都市、12世紀以降に城壁と塔状家屋群、16世紀に城塞建設。
人物事件	ジェノヴァの提督アンドレア・ドーリア、アラゴン艦隊の猛砲撃、詩人バイロン。

　岩山続きの岬の先端に位置し、幅わずか100mの海峡を隔ててパルマリア島に相対している。

　古代からの港町で、岬の突端近くにあるヴィーナスの神殿は船乗りの信仰を集めていた。ヴィーナスは女性の美と愛の守り神、そして航海の守り神でもあった。ポルトヴェネレとは「ヴィーナスの港」という意味。

　4世紀にキリスト教がローマ帝国の国教になり、異教が禁止されると、キリスト教側ではムキになってヴィーナスの神殿を破壊し、その跡に聖ペトロ教会を建てた。そこが、いわゆる神殿売春の名所だったからだ。

　現在の建物は13世紀に改築されたゴシック式で、白石と黒石による横縞模様が美しい。ここからの眺望は絶佳である。

　町は1113年にジェノヴァ共和国の支配下に入り、城壁と塔状家屋（カーザトッレ）で守りが固められた。塔状家屋は塔のように細くて背の高い民家だ。1階は堅固な石造で、小さなくぐり戸しか開いておらず、2階から上も防戦に適するような造りだった。それが波止場にびっしり並んで、城壁の代わりをつとめ、敵の水軍による急襲を防いでいた。各家の主な出入口は背後の道路側にある。

　また16世紀には町の背後の高みに巨大な城塞も築かれた。1494年ジェノヴァ共和国とアラゴン王国との戦いで、敵艦隊の猛砲撃を受けて町は壊滅状態になり、衰退に向かう。

　いま、この町はリゾートとして人気が高い。パルマリア島一周の遊覧船に乗ると、カラータ・ドリアの港、塔状家屋群、背後の城壁と城塞のすばらしい写真が撮れる。塔状家屋群は全体としての姿は昔のままながら、波止場に面した1階とか、上の階の窓などはだいぶ改装されている。城塞と聖ペトロ（サン・ピエトロ）教会へも行ってみよう。どちらも眺めが良い。　**世界遺産登録名** ポルトヴェネレ、チンクエ・テッレ及び小島群

22 城郭都市ポルトフェライオ
Portoferraio

イタリア共和国
Isola d'Elba

三つの城塞で守られている町と港。

交通	トスカナ州ピオンビーノ港から、エルバ島のポルトフェライオ港までフェリーで約1時間。
分類様式	城郭都市。1548年築城、城塞と城壁、水城、稜堡式。
人物事件	トスカナ大公コジモ1世、ナポレオン。

斜面に連続する堡塁。

エルバ島の北岸にあり、港をかかえこむように湾曲した細長い半島の先端を占める。小高い岩山になっていて、築城には絶好の地形だ。

1548年トスカナ大公コジモ1世が三つの城塞と重厚な城壁を築いて、町と港の守りを固めた。ステラ（星）、ファルコーネ（鷹）、イングレーゼ（イギリス人）という三つの城塞がそれ。

コジモ1世はフィレンツェの歴史に名高いコジモの弟ロレンツォの曾孫で、共和制だったフィレンツェを改組してできたトスカナ大公国を、ゆるぎない専制君主国にまとめあげた人物。

16世紀のイタリアでは、大砲の発達に対応して稜堡式の築城術が創始されたが、彼は早速とこの最新式の技法をこの地での築城に取り入れている。

そしてこの町をコジモーポリ（コジモの町）と名付けたのだが、長続きせず、町はポルトフェライオ（鉄の港）と呼ばれるに至る。エルバ島で新たに豊富な鉄鉱石の鉱山が開発され、この港から盛んに鉄鉱石が積み出されるようになったからだ。

1814年ナポレオンはロシア遠征とその後の戦いで惨敗。エルバ島に配流され、この町の最高地点にあるサン・マルティーノの館に居を定めた。そうして城塞が崩壊に瀕しているのを見て、修復を行った。

> サン・マルティーノの館は現在ナポレオン関連の博物館になっており、テラスからはステラ城塞、ファルコーネ城塞、そして町と海の眺めがすばらしい。ポルトフェライオが鉄鉱石の積み出しで栄えたのはもう昔の話。鉄鉱石の鉱脈は尽きてしまい、代わっていまは海浜リゾートとして人気が高く、バカンス客で賑わっている。

トスカナの城壁都市

藤宗俊一（建築家）

　トスカナという地名はローマ人がエトルリア人をトゥスキと呼んだ事に由来している。イタリア土着の民族といわれ、テヴェレ川西岸に住み、青銅器、陶器、ガラス器など工芸に秀で、建築、土木（フォロ・ロマーノの灌漑水路を作ったタルクィニウス王はエトルリア人）、航海術にも優れ、ギリシャとの交易を行い、ラテン民族が移住してくる以前の前8世紀には高度な文明を築いていた。その後、ローマに組み入れられ、前1世紀に政争に破れ、帝政時代には同化政策がとられエトルリア文明は完全に消滅した。しかし、誇り高いトスカナ人はローマをアフリカの一部、アペニン山脈以北をガリアかゲルマニアの一部とみなし、イタリアとはかつてのエトルリアの範囲だけだと確信している。確かに、イタリア語はトスカナ方言で書かれたダンテの『神曲』が元だし、文字もエトルリア人の使っていた文字を流用したし、芸術、料理……その理由を数え上げ始めたらきりがない。返す返す残念なことは、未開のサルディニア人をイタリア王と認めてしまったことだそうである。

　その誇り高き民族性の故なのか（仏・独軍の度重なる侵入や、教皇党と皇帝党の抗争が直接の要因だと思われる）、トスカナの野には数多くの都市国家が乱立し、互いに抗争を繰り返し、街全体を堅固な城壁で取り囲み、城門や塔を作り、独自の統治組織（Comune）や軍隊（傭兵隊が多い）を持ち、国（Paese）を標榜した。彼らに「どこの国のご出身（Di chi paese）？」と訊くと、答えは「シエナ人（Senese）」「ピサ人（Pisano）」であり、決して「イタリア人（Italiano）」ではない。イタリアという国は1861年のサルディニア王ヴィットリオ・エマヌエーレ2世の統一を待たなければならなかった。

　春、トスカナのなだらかに続く緑の丘を駆けぬけていくのが最高である。ぶどう畑やオリーブ畑の尾根を越えると、城壁に囲まれ、塔をもった小さな街が現れてくる。それぞれの街にはそれぞれの歴史があり、特徴がある。それらを全てこのコラムで紹介するのは無理である。ガイドブックか故E. Detti教授の名著『Città murate e sviluppo contemporaneo: 42 centri della Toscana（トスカナの42城壁都市）, C.I.S.C.U., Lucca, 1968』をひもといて下さい。あえて、特徴的な街を挙げると……。

トスカナ地方の主な街と鉄道。

『花の都』フィレンツェのヴェッキオ宮殿(右)とドゥオモ(左)。ウフィッツィ宮殿より。

『塔の街』サン・ジミニャーノ遠望。

＊詳しくは筆者のホームページ（http://www.fujiso.com/）に財団法人日本城郭協会主催のイタリア視察旅行の旅行記が載っています。

① 『花の都』フィレンツェ（Firenze）　前59年、カエサルによって造られた、アルノ川の渡し（現在のヴェッキオ橋）を守る退役軍人の入植地が起源。現在の城壁は16世紀のトスカナ大公国の第4次の城壁。

② 『塔の街』サン・ジミニャーノ（San Gimignano）
　8世紀のフランチジェナ街道の市場町が起源。10世紀、モデナの聖人ジミニャーノの指と指輪を祭る聖堂への巡礼地となり（第1次の城壁）、14世紀、葡萄酒・サフランの栽培で発展（第2次の城壁）。

③ 『パリオの街』シエナ（Siena）　帝政初期、カッシア街道沿いの軍の駐屯地が起源。金融業で発展。パリオ（馬追いの旗）の行われるカンポの広場が有名。城壁は11世紀から15世紀まで6次に分けて発展したが、12世紀末のものが旧市街の大部分を囲んでいる。

④ 『エトルスクの街』ヴォルテッラ（Volterra）　エトルスクの時代から発展した街で、内陸への塩の道を押さえて発展し、ローマ時代から中世初期までこの地方の中心地であった。現在でもエトルスク門が残されている。

⑤ 『王冠の砦』モンテリジョーニ（Monteriggioni）
この砦はフィレンツェの攻撃に備えて、シエナの西側の砦として1203年から1254年にかけて造られた。かつて、フィレンツェの外交使節としてシエナに向かうダンテが『王冠のような』と称えた小村である。カッシア街道からなだらかに続く緑の小高い丘の上に、14の塔とそれを繋ぐ城壁が王冠を形作っている。

以上、五つの城郭都市を簡単に紹介したが、他にも、ワインで有名なモンタルチーノ（Montalcino）をはじめ、ポッピ（Poppi）、コッレ・ディ・ヴァル・デルサ（Colle di Val d'Elsa）、ルチニャーノ（Lucignano）、サン・ミニアート（San Miniato）等々、沢山の珠玉の街が散らばっている。それに、季節も春だけでなく、夏のバール（Bar）の冷えたミネラル・ウォーター、秋の街道沿いで売られている新酒、冬の屋台のトリッパ、季節それぞれの楽しみをあげたらきりがない。どんな小さな街にも貴方自身の楽しみ方が待っています。

トスカナへ行こう！（Andiamo a Toscana!）

『パリオの街』シエナの歴史地区（上）とカンポの広場（下）。

『王冠の砦』モンテリジョーニ（上）と城壁（下）。

旅のヒント
車かオートバイ（体力に自信のある方は自転車）でそれぞれの街に泊りながらのんびり旅するのが一番であるが、公共輸送機関を使うとすれば、フィレンツェの駅近くに1週間宿を取り、列車や駅前から出る郊外バスで晴れた日は郊外（ピサやルッカ、プラートを含む）へ、雨の日は美術館めぐりをし、最後の3日はシエナに宿を移し、シエナとモンテリジョーニを楽しむのが良い。シエナからローマへは高速バスが出ている。

23 トームペア城 世界遺産
Toompea Loss

エストニア共和国
Tallinn

エカチェリーナ2世が改築した城館。

交通	ヘルシンキからタリンまで高速艇で約1時間30分。タリン市内では、トラムとよばれる路面電車、バスを利用。
分類様式	平山城、城郭。エストニア人の砦跡に、13世紀前半ドイツ騎士団が築城、平城、のちたびたび改築。
人物事件	北方戦争、スウェーデン王カール12世、ロシアの女帝エカチェリーナ2世。

のっぽのヘルマン塔。

　タリン旧市街の上町トームペアの西南隅にあり、ドイツ騎士団が13世紀前半に築いた。ドイツ騎士団は、もともと十字軍の時代に聖地で結成された三大騎士団の一つであったが、イスラム勢に敗れて聖地から撤退。北ドイツに本拠を移し、現在のポーランド西北部からバルト三国の地に征服の手をのばした。

　当時この方面はまだ異教の地だったので、キリスト教を広めるという美名のもとに行われた侵略だった。そうしてドイツから多くの農民や商人、職人を誘致し、植民地化をはかった。

　当然、地元民の反抗は激しく、騎士団は強固な城塞と城壁都市を設け、ドイツ人の地歩確保に努めた。しかしドイツ人の勢力は長続きせず、スウェーデンへ、そしてロシアへと、支配者は変転する。そのたびにこの城は戦乱で破壊され、姿を変えていった。中世いらいの城壁や塔は部分的に残るだけで、城の中核をなす建物も、18世紀後半にロシアのエカチェリーナ2世が改築して、バロック式の城館になった。

　現在は国会や政府諸機関が使っており、内部見学はできない。外からは北側、西側の城壁と三つの塔が見もの。なかでも西南隅にある高さ50mの「のっぽのヘルマン塔」は、常に国旗が掲げられていて、この国が念願の独立を達成したシンボル。

城郭愛好派におすすめしたいのは、旧市街の下町を囲んでいる城壁。全長2.5kmのうち約7割が残っている。トームペア城から東の方へゆくと、すぐ城壁があり、「台所を覗き」という愉快な名の大円塔が見もの。それから北の方へ1kmほどゆくと「塔の広場」に出て、合計10基の塔が並ぶ城壁の景観が開ける。城壁の北端にある「ふとっちょマルガレータ塔」も必見。　**世界遺産登録名** タリン歴史地区（旧市街）

24 ハイデンライヒシュタイン城
Burg Heidenreichstein

オーストリア共和国

Gmund

堀の対岸からながめたハイデンライヒシュタイン城。

交通	グミュントの北東17km。ウィーンから118km、車ならば3時間ほど。
分類様式	平城、城郭。一種の水城でもあり、12世紀末に築かれ、内部はたびたび改装された。
人物事件	キンスキー家。

広い水面に囲まれているが、城自体は地表に露出した岩盤の上に築かれている。規模はそれほど大きくないけれども、天守にあたるベルクフリートの大円塔と、その他の三つの円塔で4隅を固め、高い城壁の基部の厚さは4mに及ぶ堅城だ。

12世紀末の築城いらい、一度も落城したことがなく、戦乱で荒廃したこともないという、輝かしい歴史を誇る。古城の貫禄充分である。

歴代の城主が近年までずっと住み続けてきたというのも、珍しい例であり、城内にはなお生活のにおいが残っている。現在の城主はキンスキー家。

城の案内人とともに城内をめぐる仕組み。内部は4層造りになっていて、らせん階段で登り降りする。

らせん階段は登りが必ず時計回りになっている。これだと、攻め登ってくる敵兵は左手で持っている楯で身を守ることができず、また右手で持っている刀槍も階段の軸が邪魔になって自由に使えない。逆に城兵は、らせん階段の軸で身を守りつつ、右手に持つ刀槍で思う存分に敵をやっつけることができた。

ベルクフリートに登ると、自分も中世の武者になったような気分。そのほか城内では、ゴシック時代の家具調度とか、さまざまな時代にわたる城主一家の肖像画などが見ものである。

時間が許せば、城のまわりをはじめ、広い堀の向こう側まで散策してみよう。水城はたいていどこでもそうだが、水面を前景に入れると、あちらこちらで絵になる風景を見出すことができる。

25 フォルヒテンシュタイン城
Burg Forchtenstein

オーストリア共和国
Forchtenstein

|交通| ウィーンから南に約60km、オーストリアとハンガリーの国境近く。日曜日にウィーンから直行のバスあり。
|分類・様式| 平山城、城郭。13世紀の初頭に築城されたあと、いったん破壊され、1340年頃に再建が完成、増改築が重ねられた。
|人物・事件| マッタースドルフ家、ハプスブルク家、オスマン・トルコ軍の侵攻、エステルハージー家。

　岩山の突端を占め、尾根続きの側は深い空堀で仕切られた堅城である。日本でいえば天守にあたる高いベルクフリートがそびえ、二段構えの強固な堡塁には砲門がずらりと並び、オスマン・トルコ軍によるたびたびの包囲攻撃をもはね返した。大手門の装飾とか、豪奢な居館などは後世に付加されたもの。

　最初の城主はマッタースドルフ家だったが、そののち城主の家系は変転。最後にはエステルハージー家の数少い持ち城の一つになる。同家はハンガリー最大の領主で、楽聖ハイドンの主君としても知られる。

　ちなみにこの地方は、歴史的にはハンガリーの領域だった。第一次大戦後にオーストリア共和国に編入されたのである。

　城内には多数の時代ものの鉄砲、大砲、冑、胸甲などが展示され、実戦に使われただけに、弾痕が生々しい。オスマン・トルコ軍から分捕った冑、楯、武具、天幕などもある。ハンガリーの大領主たちは独自の兵団を持っていて、王の召集に応じ、出陣したのだ。

　そのほか、オスマン・トルコ軍の長期の包囲に対抗して、籠城を支えた深井戸がある。1660年から30年がかりで岩盤に掘りこまれた。城の案内人が小石を落とすと、だいぶ経ってからポトンという音が返ってくる。水面までなんと142mあるそうだ。つるべを巻き上げるための、大きな木造の装置が設けられている。

城の中央にベルクフリートがそびえている。

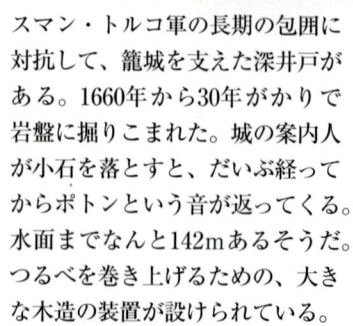

大手門と二段構えの堡塁の一部。

大手門のあたりから城の全景が眺められる。城内の見学は案内人付きで、コースが決まっており、必ずしも望みの場所に行けるとは限らない。

26 ホーエンヴェルフェン城

Festung Hohenwerfen

オーストリア共和国

Werfen im Salzburger

アルプスを背にしたホーエンヴェルフェン城。国道から100mの山上にある。

交通	ザルツブルクからヴェルフェンまで列車で約40分。駅から丘の上の城まで徒歩。
分類様式	山城、城郭。ザルツブルク大司教の城、11世紀末に築城され、16世紀に改装された。
人物事件	ザルツブルク大司教ゲープハルト、同じくコイヒアッハ、叙任権闘争。

現在の城の建物は16世紀に改築されたもの。

　ヨーロッパでも有数の堅固無類の山城。中世城郭の縄張を完全に伝えており、16世紀に改装された建物の部分だけがルネサンス様式である。森に囲まれた岩山の頂上を占め、天険を巧みに利用してある。山裾に近い前郭から上へ上へと登ってゆき、第一外郭、第二外郭を経て、本丸にあたる内郭に達する。

　現在のオーストリアなども含めた中世のドイツ（神聖ローマ）帝国では、司教や大司教はキリスト教の高僧であると同時に、広大な司教領や大司教領を持つ諸侯でもあり、いくつもの城を構えていた。

　その叙任権をめぐって、ドイツ皇帝とローマ法王のあいだで激しい闘争が起こり、諸侯も皇帝派と法王派に分かれて争った。ザルツブルク大司教は法王の強力な味方で、領内にいくつも堅城を築き、皇帝軍の南下を阻止する防衛線とした。この城も後述のホーエンザルツブルク城もその一環だった。

　城内には大司教の豪壮な広間をはじめ、石牢や拷問室まである。ゾッとするような拷問用具が並び、囚人の口に無理やり水を注いで責めるための、水を汲みあげた井戸も残っている。内郭の中庭はシーズン中は青空レストランになる。

　山麓や城の上からは、白銀をいただくアルプスの峰々の眺めが雄大だ。

山麓のどこかで、アルプスを背景に入れて、城の勇姿をカメラに収めておこう。いまこの城はエアレープニスブルク（体験の城）と位置づけられ、鷹狩用に訓練された猛禽と鷹匠の演技などを見せていることがある。洋の東西を通じ、鷹狩りは高貴な王侯の遊びとされていたのだ。

27 ホーエンザルツブルク城 〖世界遺産〗

Festung Hohensalzburg

オーストリア共和国

Salzburg

交通	ザルツブルク旧市街からケーブルカーで往復。
分類様式	平山城、城郭。1077年に築城がはじまり、そののち何度も増強され、ことに17世紀には堅固な堡塁が追加された。
人物事件	ザルツブルク大司教ゲープハルト、同じくコイヒアッハ、同じくコロレード、叙任権闘争。

　ザルツブルク旧市街のすぐ背後の岩山に位置し、武備堅固な中世城郭の造りがそのまま完全な姿で残っている。

　この城を訪れる人はみなケーブルカーを利用するが、城郭愛好派は必ず歩いて登ろう。三つの城門を次々に通る登城路では、寄せ手は無防備な右脇を常にさらさねばならぬ造りになっていて、高い城壁の上から弩(いしゆみ)で狙い撃ちにされた。

　そこを突破しても、外郭の入口は屈曲した長いトンネル状になっていて、天井には多数の殺人孔が不気味な口を開いていた（現在は閉じられている）。寄せ手はほの暗いなかでいきなり頭の真上から矢で射られ、大きな石を落とされ槍で突かれて、こけつまろびつ這う這うの体で退散するという寸法。

　外郭までは開放されており、自由に歩ける。内郭は案内人付きで見てまわる。ベルクフリートからはアルプスの山、アルプスの谷の眺めがすばらしい。例のごとく拷問室、深井戸、大砲などがある。大司教の広間は荘重なゴシック式だ。

聖ペトロ修道院など前景に城を見上げる。

サルツァッハ河岸からの城とノンベルク修道院の眺め。

城内の深井戸とポンプ。

大砲が砲門から城下をにらんでいる。

別棟に武具甲冑などの展示がある。外郭の上から映画『サウンド・オブ・ミュージック』の一場面になった城館を見下ろせる。トラップ一家の話は事実だが、映画での場面設定はまったくのフィクション。城の全景を撮るには、大聖堂脇の広場などのほか、サルツァッハ川の対岸から急な石段と坂道を上がり、カプツィーナーベルクという高台の縁に出るとよい。〖世界遺産登録名〗ザルツブルク市街の歴史地区

28 ホッホオスターヴィッツ城　　オーストリア共和国
Burg Hochosterwitz　　Sankt Georgen

交通　ランスドルフ・ホッホオスターヴィッツ駅から3km。徒歩で約40分、坂道を上る。

分類様式　山城、城郭。1200年に文書記録に初出、15世紀に改築、16世紀に大増築。

人物事件　ヴィルヘルム・フォン・オスターヴィッツ、クリストフ・ケーフェンフュラー。

　急峻な断崖に囲まれた岩山に位置し、麓から頂上までの高さは180m。天然の要害である。砦として記録に初出するのは1200年。15世紀に本格的な城になり、16世紀にはオスマン・トルコ軍の侵攻に備え、難攻不落の城塞に仕立て上げられた。三の丸、二の丸にあたるのは、この城では岩山の急斜面を巻きながら登ってゆく長い坂道そのものであり、山麓にある大手門から山頂にある内郭に達するまで、合計14の城門と長い城壁で守りを固めてある。

　城門の姿形は地形に応じてみな違い、敵兵を断崖から逆落としにする仕掛けや、上から猛射をあびせる矢狭間、鉄砲狭間が待ち受けている。

　ヨーロッパに城は多いけれども、この城ほど城郭愛好派の血を沸かせるところはほかにないだろう。内郭には16世紀以降の歴代城主だったケーフェンフュラー家の資料室があり、弾痕のついた胸甲や武具などが見られる。屋外カフェ・レストランもある。

岩山を巻いて城塞化された坂道が続く。

坂道と城門の一つ。左側の城壁には矢狭間、鉄砲狭間が並ぶ。

礼拝堂の前から内郭を見上げる。

　まず最初に、岩山からかなり離れた場所から、岩山と城の全景をカメラに収めておこう。岩山のすぐ下まで来てしまうと、どうしようもない。景観を害しないように、大手門の手前から、岩山にすっぽり掘りこまれたスペースを昇り降りする小さなケーブルカーが出ていて、内郭のすぐ下までゆける。坂道は苦手という人は、往きはこのケーブルカーを利用し、帰りは歩くとよい。なお、山麓の大手門にはランツクネヒトの壁画がある。

29 城郭都市マーストリヒト
Maastricht

オランダ王国
Maastricht, Limburg

中世いらいの城壁と堀の眺め。

交通	アムステルダム中央駅より列車でマーストリヒト駅まで約2時間30分。ベルギーのリエージュからなら列車で30分ほど。
分類様式	城郭都市。自由都市、前5世紀頃にできたケルト人の町が起源、10世紀頃からマース川の水運で繁栄、1229年に最初の城壁。
人物事件	スペインのパルマ公、ルイ14世、ヴォーバン、ダルタニャン、オランダ独立戦争。

ヘルポールト（地獄門）のあたりもいまは平和そのもの。

ローマ人がガリアの北辺とケルンを結ぶ軍道を建設し、ここをモーサエ・トライェクトゥム（マース川の渡河点）としたのが市名の起源。

フランスのシャンパーニュ地方を流れるムーズ川は、オランダに入るとマース川と呼ばれ、ユーロポートの近くで北海に注ぐ。この川はすでに古代から水運に利用されていたが、10世紀に遠隔地商業が盛んになると、シャンパーニュの大市と北海を結ぶ交易路として、大繁栄の時代を迎える。

マーストリヒトはマース川の水運と商業・手工業の中心地になり、1204年に都市権を獲得。1229年には最初の城壁が完成した。1575年以降には、市街地の拡大につれて、はるか外側に新式の第二城壁もできた。中世いらいの最初の城壁は、いまでは南側の約1kmだけが保存され、船の水路と城壁の守りとを兼ねていた堀とともに、美しい公園に組み込まれている。

城壁にはたくさんの塔が並び立ち、城門もある。なかでも名高いのはデ・ファイフ・コッペン（五つ頭）と呼ばれる大塔や、ヘルポールト（地獄門）と呼ばれる城門だ。この城門は両脇に円塔を備え、オランダに現存している最古の城門だという。

第二城壁はほとんど撤去され、ごく一部だけが残っていて、快傑ダルタニャンの銅像が立っている。彼は実在の人物で、この城壁を攻撃中に討ち死にした。

中世いらいの城壁は上を歩くことができ、眺めがすばらしい。城壁から下りたあと、歩道橋で堀を渡り、南側から堀と城壁の写真を撮ろう。有名なデ・ファイフ・コッペン（五つ頭）やヘルポールト（地獄門）は城壁の東寄りにあり、そこから公園を抜けてマース河畔に出られる。びっくりするほど大きな貨物船が悠々と通ってゆく。

30 ティリンスのアクロポリス 世界遺産
Acropolis

ギリシャ共和国
Tiryns

岩の高台にあるケクロプス式の城壁。

交通	アルゴスから約8km。丘の上まで徒歩。
分類様式	平山城、アクロポリス。ミケーネ時代の城市、ケクロプス式の城壁。前17世紀頃にはじまり、前14世紀に全盛時代を迎え、前1200年頃に滅亡。
人物事件	ヘラクレス、ゼウスとダナエ、ホメロス、シュリーマン、ミケーネ文明の解明。

平野のなかに少し盛り上がった岩の高台を占める。地形に合わせてケクロプス式の城壁をめぐらし、城門の遺構もある。

ミケーネ文明は、私たちがよく知っている古典古代のギリシャよりは、さらに数百年以上も古い時代に花開いたもの。古典古代のギリシャ人は、なぜこんな巨石の石組みが残っているのかワケがわからず、伝説の巨人族ケクロプスの仕業(しわざ)だとした。

この用語は考古学者に受け継がれて、いまも使われている。

城壁内には、王の屋形メガロン、巨石で築いた地下の通路、王に仕える者たちや職人たちの住居、道路などの遺構がある。メガロンはよく王宮と訳されるが、私たちの王宮の観念からはほど遠く、たいへん小さい。それでも当時の庶民が住んでいた粗末な掘立て小屋に比べると、大建築だったのだろう。メガロンとは大きな建物という意味。またポリスは古典古代にできたものであり、ミケーネ時代にはまだ存在しなかった。

春3月から初夏にかけて、そして晩秋にも、遺跡は色とりどりの野の花に包まれる。

城市へ上がってゆく道と城門の遺構。

メガロンや住居の跡に野の花が咲き乱れる。

外側からケクロプス式の城壁を見上げるところが圧巻。3000年以上もの風雪に耐えてきた城壁である。シュリーマンが発掘したときは、半ば土砂に埋もれ、その上に草木が茂っていた。ヘラクレスにまつわる多くの伝説、ゼウスが黄金の雨粒に化けてダナエのもとに通い、勇士ペルセウスを生ませたという伝説などの舞台でもある。　世界遺産登録名　ミケーネとティリンスの古代遺跡群

31 パラミディ城（ナフプリオン）
Palamidi castle

ギリシャ共和国
Nafplio

交通	アテネから146km。鉄道で約3時間、バスならば約2時間30分。
分類様式	平山城、大砲や小銃の発達に適応した近世要塞。14世紀に築かれ、15世紀以降に増強された。
人物事件	ヴェネツィアの地方総督モロッシーニ、ヴェネツィア軍とオスマン・トルコ軍の死闘、ギリシャ独立戦争。

　ナフプリオンの町の背後にある標高約200mの岩山に築かれ、片側は断崖絶壁をなして紺碧のエーゲ海に臨んでいる。

　もともとビザンチン帝国の砦があったのを、ヴェネツィアが1377年に占領。その後オスマン・トルコの侵攻に備えて、壮大堅固な城に仕立て上げた。しかし結局はオスマン・トルコの手に帰した。1820年代のギリシャ独立戦争では、350人の決死隊が奇襲攻撃をかけてこの城を奪取。

　大きくいえば上中下の三つ、細かくいえば八つの独立した城塞に分かれ、たとえその一つを敵に奪取されても、残りは関係なく戦えるという構造だ。町とは、断崖に刻み込まれた857段の石段で結ばれ、敵の砲撃による落石を防ぐため、要所に石造りの掩蓋（えんがい）が設けられて、トンネル状になっている。

　現代の旅人は新道を利用して岩山のてっぺんまで登り、山上門から「上の城塞」に入り、順に下へと降りればよい。

上の城塞のカフェニオンからエーゲ海を眺める。

中の城塞。断崖の上に坂道が続く。

下の城塞。砲門と銃眼が並ぶ。

「上の城塞」のテラスには屋外カフェニオン（カフェ）がある。城郭愛好派には、大砲や小銃の発達にあわせた堡塁、砲門、銃眼などの造りが見どころ。海側の絶景に気を取られっぱなしではいけない。はるか下のほう、ナフプリオン湾の入口には、ブルジと呼ばれる海上の城が望まれる。

32 ミケーネのアクロポリス 世界遺産　　　ギリシャ共和国
Acropolis　　　Mycenae

交通	アテネからミケーネまで約2時間30分。駅から徒歩で約4km。
分類様式	平山城、アクロポリス。ミケーネ時代の城市、ケクロプス式の城壁。前17世紀頃にはじまり、前14世紀に全盛時代に入り、前1200年頃に滅亡。
人物事件	アガメムノン、ホメロス、ギリシャ悲劇、シュリーマンの劇的な発掘成功、ミケーネ文明の存在発見。

　片側を深い峡谷で守られた小さな丘を占め、王のメガロンはその頂上にある。峡谷の崖の崩落で一部失われたほかは、城壁がよく残り、大手の獅子門、搦手の北門、二つの秘密の出撃門を備え、巨石を組んだ地下の水場もある。

　シュリーマンが発掘をはじめるまで、すべては土砂に埋もれていたが、獅子門の上にある獅子の浮彫は、なお厳然と地上に頭をもたげていた。3000年以上の星霜を経た健気な獅子だ。

　シュリーマンが劇的な発掘に成功し、数々の黄金の仮面そのほかの貴重な文化財を発見した場所は、獅子門を入ってすぐ前にある円形の墓域A。さらに彼は全域の発掘を続け、それまでまったく知られていなかった文明、すなわちミケーネ文明の存在を世に明らかにした。ミケーネ時代のギリシャは多数の小さな王国に分かれていたが、なかでもミケーネが指導的立場にあった。

獅子門。

岩の上に連なるケクロプス式の城壁。

巨石を組んで造られた地下の水場への降り口。

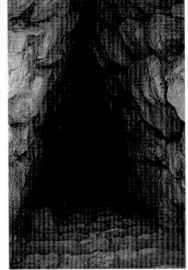

円形の墓域A。

通常の観光では、城外にある王墓群のほか、獅子門、円形の墓域A、メガロンなどの遺構しか見ない。それ以上は完全にカットされる。城郭愛好派は必ず城壁のいちばん奥（東端）まで足を伸ばそう。**世界遺産登録名** ミケーネとティリンスの古代遺跡群

33 リンドスのアクロポリス 世界遺産

Acropolis

ギリシャ共和国

Lindos

交通	ドデカネス諸島ロードス島の東岸、ロードス市から南へ55kmほど。バスで約1時間。
分類様式	平山城、城郭。前10世紀、山麓にドーリス人のポリスができ、山上はアクロポリスになる。ビザンチン時代以降に城塞化。
人物事件	女神アテナの聖地、前408年リンドス以下三つのポリスが合併、新たなポリスとしてロードスが誕生。

前10世紀、ミケーネ人とは別派のギリシャ人であるドーリス人が侵入してきて、ポリスを建設した。古典古代、すなわちポリスの時代のはじまりである。

彼らは町の背後にある標高116mの岩山をアクロポリスとし、ドーリス式のアテナ神殿を造った。この神殿はなんども改築されたが、壮大な階段、列柱廊の遺構、そして神殿の石柱3本が残っている。ここからエーゲ海の眺めがすばらしい。

ロードス島は小アジアの海岸からごく近い。ビザンチン時代に入ると、8世紀頃からアラブ人の脅威が迫ってくる。アラブ人の侵攻に備えて、この岩山は厳重に城塞化された。1306年以降、城塞は聖ヨハネ騎士団に受け継がれ、ますます増強された。

いまでは城塞はかなり荒れているが、切り立ったような崖に囲まれた天険に位置しているだけに、古城の貫禄は充分。

岩山と城塞の全景。

城塞の入口。アテナ神殿はさらに上にある。

帰りがけに、岩山の麓にあるひなびた旧市街に寄ってゆこう。白壁の家々が軒を並べ、なんともいえない風情がある。家々の中庭は海岸で集めた丸まっちい石のモザイクで飾られている。

アテナ神殿の列柱廊とエーゲ海の眺め。

島を縦断している街道から、左折してリンドスに降りる前に、岩山と城塞の全景をカメラに収めておこう。アクロポリスの頂上にあるアテナ神殿でも、中腹を占めている城塞でも、撮影スポットは極めて多い。通常の観光では、土産物店が並んでいる道を通るだけであり、旧市街の中心部には入らないので、要注意。**世界遺産登録名** ロードス島の中世都市

34 城郭都市ミストラ 世界遺産　　　　ギリシャ共和国
Mystras　　　　　　　　　　　　　　Pelopónnisos

交通	スパルタからミストラまで約6km、バスの便あり。
分類様式	城郭都市。1249年に新たに建設、1820年代にギリシャ独立戦争で荒廃、ビザンチン様式の聖堂のみ修復。
人物事件	第4回十字軍、ビザンチン帝国の一時滅亡、フランスの騎士ヴィラルドゥアン、モレア侯国。

　13世紀のギリシャは動乱の時代だった。1204年フランスの騎士たちとヴェネツィア勢から成る第4回十字軍は、聖地には向かわないで、コンスタンチノープルを攻略し、ビザンチン帝国は一時滅亡。その領土はフランスの騎士たちとヴェネツィアのあいだで分け取りにされた。

　スパルタを中心とするこの地方を獲得したのが、フランスの騎士ヴィラルドゥアンである。彼はスパルタの地形が防衛には不向きなことを痛感し、1249年、山の急斜面を占める要害の地に新たに城郭都市ミストラを建設し、本拠とした。

　その後ビザンチン帝国は復活。ヴィラルドゥアンは敗れて捕らえられ、石牢につながれること3年間。すべてを放棄することを約束して、やっと釈放された。

　ミストラはビザンチン帝国に属するモレア侯国の都になり、ギリシャ正教の荘厳な修道院や聖堂がいくつもできた。

上市の城壁と城門。

絶壁に臨む君侯の宮殿。

　上市と下市に分かれ、上市には君侯の宮殿や家臣たちの住居、そして岩山の上に城があった。上市の出入口はナフプリオン門で、二重の城壁で守られているが、現在は閉鎖され、私たちは新入口から入る。

　そして上市の城壁の中門、モネムヴァシア門を通り、商人や職人たちの街だった下市に降りる。下市の出入口は二重の枡形になっている城門だ。ギリシャ正教の修道院や聖堂は修復保存されているが、あとは荒廃したままである。

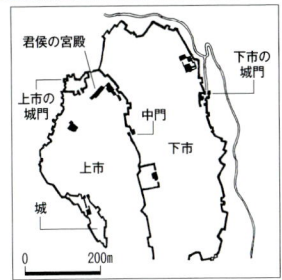

ミストラ見取り図。

　現在は管理人や修道士、修道女がいるだけで、住民はいない。傾斜地なので、ときどき振り向くと、思わぬすばらしいアングルがある。最も低いところにある下市の城門と、最も高いところにある城の高度差は258m。この遺跡も春秋の好季には野の花で埋め尽くされ、ほとんどすべては荒廃したままなので、「城春にして……」という感慨が胸に迫る。世界遺産登録名　ミストラ遺跡

57

35 城郭都市ロードス 世界遺産
Rhodos

ギリシャ共和国
Dodekanisa

交通 ロードス市は、アテネから空路で約1時間。城郭都市の旧市街は徒歩で巡る。

分類様式 城郭都市。港湾都市、前408年、既存の三つのポリスが合併、新たに良港を擁するポリスとしてロードスが発足。

人物事件 東地中海の海上交易の覇者、1306年から聖ヨハネ騎士団が城壁築造を開始、1522年オスマン・トルコ軍に奪われる。

聖ヨハネ騎士団は聖地での巡礼の看護を目的に設立されたのだが、のちには十字軍将兵の看護とともに、イスラム勢との戦闘にも大活躍した。

1291年イスラム勢に聖地から追い落とされ、キプロスを経て、1306年この島に落ち着き、ロードスの町と港を壮大堅固な城塞港湾都市に仕立て上げた。

騎士団はフランスの騎士を中心に、ヨーロッパ各国出身の騎士から成り、公用語はフランス語とイタリア語だった。しかし激戦のさなか、とっさのやりとりが通じないとすごく不利なので、言語別に八つの騎士分団に再編成された。

騎士団総長は選挙で選ばれ、任期は終身だった。各騎士分団はそれぞれ大きな館(やかた)を持ち、また城壁の特定の部分を割り当てられて、その建設と保全、戦闘での防衛、敵に破壊された箇所の徹夜修復について、絶対の責任を負った。騎士団総長は独自の城を構え、総司令部の役割を果たした。

城壁はよく保存され、訪れる者を驚嘆させる。しかし総長の城は宮殿に改装されてしまった。

西側の空堀から外城壁と内城壁（中央奥）を見る。

海の門。

騎士団総長の城。内部は豪奢な宮殿に改装。

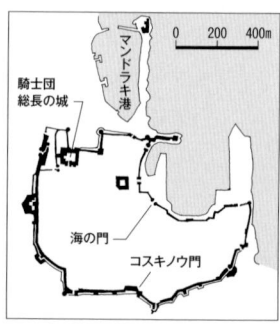

ロードス見取り図。

城壁の上は、特定の曜日と時間に限り見学できる。もし曜日と時間の都合が合わなければ、城壁の西北隅に近いアンボワーズ門から出て、広い空堀のなかを時計の反対回りで歩き、城壁の南側にあるコスキノウ門へ。城郭愛好派なら感嘆、感激の連続だ。あと、この門からまた旧市街に入り、海の門を見て、マンドラキ港まで足を伸ばそう。 **世界遺産登録名** ロードス島の中世都市

36 聖ヨハネ城郭修道院（パトモス島） 世界遺産　ギリシャ共和国
Chora　Patmos

交通	パトモス島のスカラまで船でピレウスから約10時間、夏季にはロードスから約4時間、スカラから修道院までバスの便あり。
分類様式	平山城、城郭修道院。1088年にギリシャ正教の修道院設立、15世紀にヴェネツィア共和国が城塞化。
人物事件	神学者聖ヨハネ、『ヨハネの黙示録』成立、聖クリストドウロス。

海抜150mの丘の上にある。丘の麓にかけてホラという小さな町があり、まるで角砂糖のように真っ白で四角い家々が並ぶ。

ヨハネという名の神学者が1世紀末にこの島の洞窟で啓示を得て、新約聖書の『ヨハネの黙示録』を書いたと伝えられる。それを記念し聖クリストドウロスがここに修道院を設立した。

のち島はヴェネツィア共和国領になり、修道院側と合議の上で、修道院の外郭が城塞化された。イスラム勢襲来の心配が絶えなかったからだ。

真っ白な民家群の上高く、灰黒石で築かれた城塞がそびえている景観は非常に印象的。

しかし防備堅固な城門をくぐってなかに入ると、そこは純然たるギリシャ正教の修道院。黒い帽子に黒い法衣、ひげもじゃの修道士が悠然と現れ、私たち異教徒にもにっこり微笑んで言葉をかけてくれる。

何百年にもわたって増改築が繰り返されてきたので、柱廊のある小さな中庭、石段、テラスなどが迷路のように続く。いちばん上のテラスからは、島々とエーゲ海の眺めがすばらしい。

堅固な城塞の上に修道院の白い鐘楼。

民家群と城塞のコントラストが鮮やか。

修道院の中庭。床は自然石のモザイク。

修道院の聖堂には13世紀に描かれた荘厳なフレスコ画がある。宝物庫では11世紀から13世紀におよぶ多数のイコンが見もの。図書庫には、ギリシャでも最高の国宝級という多数の羊皮紙手写彩色本を含めて、15,000点もの貴重な本がある。帰りにホラの家並みもぜひカメラに収めておこう。みな16世紀から18世紀にわたる古民家。毎年、石灰乳を塗って真っ白にする。世界遺産登録名　パトモス島の"神学者"聖ヨハネ修道院と黙示録の洞窟の歴史地区

37 城郭都市ドゥブロヴニク 世界遺産
Dubrovnik

クロアチア共和国

Dalmacija

交通	日本人旅行者は空路の利用が多い。空港は東南方30km。ヨーロッパの主要地から直行便がある。
分類様式	城郭都市。港湾都市、7世紀にはじまり、独立の都市国家に発展、12世紀からは海上に雄飛して交易で大繁栄。
人物事件	ナポレオン、ウィーン会議、オーストリア合併、旧ユーゴスラビア解体後の内戦。

　アドリア海に突き出た島のような半島に位置し、空堀を備えた陸側はもとより、海側も港も壮大堅固な城壁で守られている。城壁はずっと以前からあったが、現在のような威容を呈するに至ったのは14世紀から。

　海洋都市国家として強力な艦隊と商船隊を擁し、交易で栄えた。オスマン・トルコ帝国やヴェネツィア共和国の攻勢にさらされながらも、独立を守り通す。城壁をはじめ、市内のすばらしい建物の数々は、このような交易の富で築かれた。

　が、1806年にナポレオンに占領され、果てはウィーン会議の結果オーストリア帝国に併合されて、栄光の時代は終わる。

　第一次大戦後はユーゴスラビア領になり、その解体にともなう内戦で、歴史的文化財である旧市街は手痛い被害を受けた。しかしそれも市民のものすごい努力で見事に修復された。

山上から全市を見下ろす。

左に二段構えになった城壁、右に旧市街、港と堡塁が見える。

　城壁の上をほぼ一周することができ、堅固な城門、堡塁、出城などもあって、心躍るような景観が次々に展開する。城壁内の旧市街の散策も、感嘆の連続という感じである。

陸側の唯一の出入口であるプロチェ門。

　城壁の上、そして旧市街を歩くと、撮影ポイントは至るところにある。もしロープウェーが運行されていれば、背後の山上にある要塞の跡から全市を眺めよう。旧市街の東外側の海岸に出ると、海を前景に、港と海側の城壁の一部がカメラに収まり、海洋都市国家だった時代のイメージが湧く。 世界遺産登録名 ドゥブロヴニク旧市街

38 ロッカ・ペンネ（サンマリノ） 世界遺産

Rocca Penne

サンマリノ共和国

San Marino

交通	ボローニャから列車で約40分。リミニ駅下車、サンマリノまでバスで30分ほど。
分類様式	山城、城郭。城郭都市サンマリノ（コムーネの伝統を維持する現存最古の共和国）にあり、11世紀頃築城。
人物事件	301年石工マリーノの伝承、886年コムーネとして記録に初出、法王ウルバヌス8世。

　面積わずか61km²の小さな独立国。中世のイタリアでは多数のコムーネが生まれ、独立と繁栄を誇ったが、結局はすべて近代的な国家に統合されてしまった。サンマリノだけが、険阻な地形と市民の賢明なやりかたがあいまって、コムーネの伝統を守り続けている。

　細長い岩山のてっぺんに位置し、東側はものすごい断崖絶壁、西側はやや傾斜が緩やかで、七曲がりの道を上り、町を囲んでいる城壁の門に達する。

　町の城壁よりさらに上のほうに、上中下と三つの独立した城塞がそびえている。いちばん上の城塞まで歩いて登ることができて、眺望は絶佳だ。いまでは武具の博物館になっている。

　三つの城塞はそれぞれ城名を持っているが、いずれも鳥のように岩山の上に止まっているためか、まとめてはロッカ・ペンネ（鳥の羽の城）と呼ばれ、サンマリノのシンボルである。正式の国章では、塔の上に鳥の羽ではなくて拍車が付いている。この国の硬貨や切手のほか、土産品などにもよくロッカ・ペンネが表されている。

パノラマ道路から眺めたロッカ・ペンネの上の城塞。

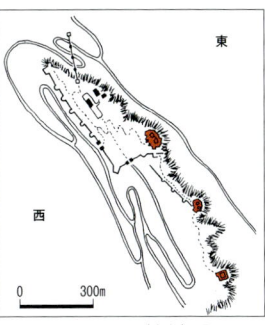

ロッカ・ペンネ（赤色）見取り図。

ロッカ・ペンネの登り道。

　まずは東側の断崖絶壁の下から、世にも珍しいこの城郭都市の全貌をとらえておこう。町のなかに入ってしまうと、城郭愛好派にはそれほど撮りどころはない。心躍るのは町の東南隅からはじまるロッカ・ペンネ行脚。すばらしい撮影スポットの連続である。帰りにはパノラマ道路を回ってゆこう。 世界遺産登録名 サンマリノ歴史地区とティターノ山

39 シヨン城
Château de Chillon

スイス連邦
Chillon

交通 ジュネーブから列車でモントルーまで約1時間。駅からシヨン城までバスで15分ほど。

分類様式 水城、城郭。9世紀に築城がはじまり、12世紀に大増築された。

人物事件 シオンの司教、サヴォワ侯、ベルン州、ボニヴァール、バイロン。

レマン湖の岸近くにある岩島に築かれ、屋根付きの木造の橋で湖岸と結ばれている。山裾が湖岸に迫り、アルプス越えの古来の街道を押さえる要地。

ローヌ河谷のシオンに本拠を構えていた司教が最初に築城し、サヴォワ侯がそれを奪って、堅城に仕立て上げ、さらにそれをベルン州勢が攻め取った。中世のベルン州は強力な市民軍を持つ独立の共和国だった。

ベルン州は守備隊を置くだけで、改装することはなかったので、中世城塞の姿がよく伝えられ、19世紀に修復された。

跳ね橋、石落しや矢狭間を備えた多数の塔、ゴシック式の広間などが往昔を物語っている。また大塔の「物見の窓」からはレマン湖とアルプスの峰々が一望のうちに広がる。

バイロンが実話に基づき『シヨンの虜囚』という長編叙事詩を発表。全ヨーロッパで愛読されて、この城は一躍有名になる。主人公ボニヴァールはサヴォワ侯に捕らえられ、地下牢で鉄鎖につながれていたのが、4年後にベルン軍に救出された。

12世紀頃の城の姿がよく分かる。

ゴシック式の大広間。暖炉に子牛などの丸焼き装置がある。

弩のための矢狭間。

湖上の船から、アルプスの峰々を背景に入れて撮影できればベストなのだが、なかなかそうもいかない。ともかくも湖面を入れるには、入口を通り越してずっと奥の湖岸までゆくとよい。城内でいちばん下まで降りると、ボニヴァールがつながれていたという鉄鎖が石柱に残っている。この城が岩盤の上に築かれていることも分かる。

40 ベリンツォーナの3城 [世界遺産] スイス連邦
Castelgrande etc.　　　　　　　　　　　　Bellinzona

交通	チューリヒから列車で約2時間30分。3城へは徒歩。
分類様式	平山城、城郭。三つの砦とそれらを結んで町を守っていた城壁、古代の城跡に、13世紀から15世紀にかけて築城。
人物事件	アルプス越えの交易路の集中点、軍事上の要衝、皇帝派と法王派の闘争、ヴィスコンティ家、スイスの「森の3州」。

サン・ゴッタルド峠をはじめ、アルプス越えの三つの交易路がここに集中しているため、古代から交易や軍事上の要地だった。

支配勢力は目まぐるしく変転したが、現在の3城と城壁の構築に主役を演じたのは、前半では地元のルスカ家、後半ではミラノ大公ヴィスコンティ家。

スイス独立の中核となったウリ、シュヴィーツ、ウンターヴァルデンを「森の3州」というが、1503年にこの地は「森の3州」の共同支配地になった。

三つの城は次のとおり。

カステッロ・グランデはその名のとおり最も大きく、最も堅固で、町の西側にある岩の高台を占め、高さ28mの大塔が二つそびえている。ウリ州の持ち城となり、代官が常駐して、ときには圧制の象徴として地元住民の怨嗟の的になった。

カステッロ・ディ・モンテベッロはその名のとおり「美しい山の城」で、長い石段と急な坂道を上ってゆく。城の上からはベリンツォーナの全市とまわりの山々がパノラマのように眺められる。シュヴィーツ州の持ち城だった。いまでは歴史・考古学博物館になっている。

カステッロ・ディ・サッソ・コルバロは「コルバロ岩山の城」という意味で、3城のなかでは最も高いところに位置し、町との高度差は230m。急カーブの連続という坂道が通じている。ウンターヴァルデン州の持ち城だった。いまでは地元ティチーノ州の民俗・郷土衣装博物館。

カステッロ・グランデの一部。

カステッロ・ディ・モンテベッロ。

胸壁と歩廊を備えた城壁。

あまり飾り気がなく、もっぱら戦いに備えた剛健な城という趣がある。通常の意味での領主の城ではなかったので、後年に居住性を重視した城館に改装されることもなく、15世紀末の城塞の構えがそのまま残っている。城郭愛好派としては、少なくともカステッロ・グランデとカステッロ・ディ・モンテベッロは是非とも訪ねたい。 世界遺産登録名 ベリンツォーナ旧市街にある三つの城、要塞及び城壁

41 グリプスホルム城 (マリアフレッド)

Gripsholms Slott

スウェーデン王国

Mariefred

メラーレン湖とグリプスホルム城。

交通	ストックホルムからLaggestaまで列車で約35分。駅からバスに乗り換えマリエフレードへ。
分類様式	水城、城郭。14世紀に築城、16世紀に取り壊して城塞、たびたび改装され城館化、北欧ルネサンス様式。
人物事件	ヨンソン・グリプ、グスタフ1世。

　太古、北欧の大地を削っていった氷河は、平原の低所に多くの大氷塊を残した。そして大氷塊が解けた跡に無数の湖が生まれた。デンマークやスウェーデンにはそのような湖の島を利用した水城が多い。この城もその一つで、メラーレン湖の島にある。

　1380年代に領主ヨンソン・グリプがこの島に城を築き、一家の居城としたのが起源。グリプスホルムとは「グリプの島」という意味。1526年、国王グスタフ1世がそれを没収して取り壊し、防備堅固な城を築きなおす。首都ストックホルム防衛のための要塞だったからだ。

　城は湖を天然の広い外堀とし、なお人工の堀をも備え、方形の中庭を囲んで高い城壁があり、四隅に大円塔がそびえている。

　その後たびたび改装され、増築部分も加わり、優雅な城館に変貌した。1713年までは王宮として使われていたこともある。それでも大円塔などをよく見ると、その昔は大きな窓はなく、小さな物見の窓と銃眼だけだったことが分かる。

　石造の基礎に赤煉瓦造りで、堀には跳ね橋がかかっている。城門の上に石落しが設けられているが、もはやこれは装飾に過ぎない。城内は絵画や工芸品の博物館と、肖像画のギャラリーになっている。

庭にある青銅製の立派な大砲も見ておこう。砲身には鋳型による見事な模様がついている。17世紀に入ると、スウェーデンは大砲の製造技術でヨーロッパ最高になる。良質の鉄鉱石を産し、製鋼技術が進んでいたせいもあって、三十年戦争では軽くて機動力にすぐれた鋼鉄製の大砲を開発。連戦連勝のもとになった。この城にある青銅製の大砲は、それより一時代前のもの。

42 アルハンブラ 世界遺産

Alhambra

スペイン王国

Granada

交通	マドリードからグラナダまで鉄道で約4時間40分。アルハンブラと旧市内は徒歩で巡る。狭い坂道をミニバスが走っている。
分類様式	平山城、城郭。城塞・宮殿と町の複合体、城塞は9世紀にできて11世紀に増強、宮殿は14世紀にできた。
人物事件	モハメッド・ベン・アルハマール、イサベル女王とフェルナンド王、グラナダ陥落。

細長く突き出た岩山を占める。その西端、高い崖に守られた要害に位置するのが城塞（アルカサーバ）。9世紀に築かれ、13世紀まで岩山の上にはこの城塞しかなかった。

イスラム教徒、ムーア人（モーロ人）のグラナダ王国が全盛期に入る14世紀に、岩山ぜんたいを囲む城壁が築かれ、城塞の東外側に優美を極めるイスラムふうの宮殿ができた。アルハンブラというと、この宮殿だけだと思っている人が多いが、そうではない。

さらに東側には役所や、商人と職人の町メディナができたが、グラナダ王国滅亡後に廃墟と化した。いまでは後世にできた建物や緑地があるだけだ。

しかし城壁や城門は健在で、城壁の外まで足を伸ばすと、イスラムふうの優雅な離宮ヘネラリーフェがあり、背後の山上には「ムーア人の椅子」と呼ばれる小さな出城が見える。

このように、岩山の上に城塞に続く城壁の威容を出現させたのが、ナスル朝の英主アル・アフマル。アルハンブラの名はこの王の名に由来するとも、赤っぽい石で築かれていて、アラビア語で「赤い城」を意味するアル・カラ・アルハムラと呼ばれたのが語源だ、ともいわれる。

話を城塞に戻すと、保存状態はかなり良い。内外二重の城壁で囲まれ、大塔の上から見下ろすと、まるで縄張りの図面を見ているかのように、全容が分かって興味深い。北側はダロ川の深い谷に臨む。

大塔の上から城塞の北東隅を見る。宮殿はこの右奥にある。

全景。左側がメディナ、中央が宮殿、右側が城塞。

宮殿のライオンの中庭。

通常の観光では宮殿しか見ない。城塞は素通りだから注意を要する。城塞見学のための入口は、宮殿入口の手前、小さな広場の左手にある。そのあと宮殿を見よう。いうまでもなく、世界最高のイスラム建築の傑作と称えられ、撮影スポットは非常に多い。アルハンブラの全景を撮るには、旧市街アルバイシンの高台から。できれば夕陽に赤々と染められる頃がベストだ。 世界遺産登録名 グラナダのアルハンブラ、ヘネラリーフェ、アルバイシン地区

43 コカ城

Castillo de Coca

スペイン王国

Segovia

ムデハル様式独特の幾何学的な構成が見事。

交通	マドリードからセゴビアまで約90km、列車で2時間ほど。さらにセゴビアからコカ城まで約50km。車を利用する。
分類様式	平城、城郭。ムデハル様式、領主の城、15世紀に築城、16世紀に改装。
人物事件	フォンセカ家のアロンソ、同じくアントニオ、国土回復戦争（レコンキスタ）。

大手門。

一方は川の浸食で生まれた谷、他方は深い空堀で守られ、高い外城壁から内城壁へ、さらに中核の大塔へと盛り上がり、隅塔を擁して、整然とした幾何学的な構成を誇る。イスラム建築の要素を色濃くとりいれた、ムデハル様式の傑作として名高い。

高価な鉄砲に加えて、安価な弩がまだ併用されていた時代を反映し、両方とも使える狭間が設けられている。狭間の上に強固な掩蓋があるのは、普及しはじめていた臼砲による攻撃から城兵を守るため。全体にも細部にも神経のゆきとどいた城だ。

スペインきっての大貴族フォンセカ家の本拠だった。

煉瓦でできていて、陽の高いうちは淡い黄褐色だが、朝夕には淡い赤紫色に染められ、見る者を夢幻の境に誘う。

711年キリスト教徒勢は北アフリカから押し渡ってきたイスラム勢（ムーア人）に惨敗。イベリア半島の大半を奪われた。それから約780年かけて、彼らはじりじりと巻き返しをはかり、国土回復の軍を進めた。コカ城もムデハル様式もそんな背景のなかで生まれたもの。

頭上を掩蓋で守られた狭間。

広い野原に囲まれ、いくらでもバックアップできるのが嬉しい。全景を眺めても、細部を見ても、興味尽きない城である。城内ではムデハル様式の大広間や礼拝堂などを見てから、大塔の上まで登ることができる。ささやかな城下町には、中世城壁の門が残っている。

44 シグエンサ城
Alcázar de Sigüenza

スペイン王国
Sigüenza

全景。左手にまわりこんだところに大手門がある。

交通	マドリードのチャマルティン駅からシグエンサまで約130km、列車で1時間30分ほど。駅から城までは徒歩。
分類様式	平山城、城郭。司教領主の城、12世紀に築城、現在はパラドール。
人物事件	アルフォンソ7世、歴代のシグエンサ司教、残酷王ペドロ1世の妃ブランシュ。

シグエンサはゴシック式の大聖堂の町。その背後の丘の急斜面に旧市街が広がり、いちばん上に城がそびえている。

大手門は壮大な前郭を擁し、威風堂々という趣がある。向かって左側は切り立ったような断崖。右側は緩やかな斜面で、緑の牧草地が続く。どの方向から眺めても、絵になる城である。

内戦で激闘の場になり、だいぶ荒れたというが、いまでは完全に修復されている。

そしてパラドールになっており、正真正銘の城内に泊まれるのが嬉しい。ひとくちにパラドールといっても、古城跡に新しくできた建物だったり、大広間と食堂だけが古城で、客室は後世の建物だったりする例が多いが、この城ではすべてが本物だ。

14世紀中頃のこと。残酷王ペドロ1世はフランスからブランシュを妃に迎えたのに、初夜をすませただけで袖にしてしまう。愛妾パディーヤに心を奪われていたのだ。ブランシュは愛らしく心優しい姫君として評判が高かったのに、この城そのほかに監禁され、やつれ果てた末、謎の死をとげた。25歳だった。

中庭。後ろに前郭の塔が頭を出している。

大広間が改装されてロビーに。

パラドールは古城、離宮、貴族の大邸宅、修道院などの歴史的建造物を国営のホテルにしたもの。城郭愛好派としてはぜひ泊まってみたいところ。しかし古城のパラドールといっても、必ずしも古城そのものが客室になっているとは限らない。その点このシグエンサ城は実にすばらしい。

45 セゴビアのアルカサル 世界遺産　スペイン王国

Alcázar de Segovia　Segovia

交通	マドリードのチャマルティン駅からセゴビアまで約90km、AVEで30分ほど。駅から旧市街まで徒歩。バスの便もあり。
分類様式	平山城、城郭。ムデハル様式。古代からの城跡に13世紀に築城、15世紀まで増築が続く。
人物事件	アルフォンソ8世、イサベル女王。

　アルカサルとは北西アフリカから来たイスラム教徒のムーア人（モーロ人）が造った王城のこと。キリスト教国の王たちに受け継がれ、スペイン各地に残っているが、当地のアルカサルが最も名高い。

　セゴビアの旧市街はローマ時代よりさらに古く、ケルト・イベロ人の時代からの町。高い崖に囲まれた木の葉形の台地を占め、天然の城のような地形だ。

　アルカサルはその台地の突端を占め、片や断崖絶壁で、片や深い空堀で守られている。

　12世紀末、国土回復戦争を進めてきたカスティーヤ王アルフォンソ8世が、老朽化したムーア人の城を取り壊し、新たに築城をはじめたのがこの城である。

　1474年、王女イサベルはこの城で兄エンリケ4世の死を知り、決然として兄の娘フアーナの正統性を否定（王の寵臣ベルトランの子だという噂が高かった）。

　当地で戴冠式を挙げ、夫フェルナンドとともに勇戦奮闘して反対派を撃破した。

　のちにグラナダを攻略して国土回復を完成し、コロンブスを助けて新大陸到達を実現させ、内政、外交に大成果を挙げたイサベル女王の登場であった。

エレスマ川の谷底から。

旧市街の側から。空堀を隔てて大塔がそびえる。

ムデハル様式の室内。

　大塔のてっぺんまで登れる。そこからも、台地の突端に臨む城壁の上からも、眺めがすばらしい。室内にはムデハル様式の内装が残っているが、割に新しい感じがするのは、1862年に火災でひどく損傷し、全面的に修復されたから。城を出てから、谷底をまわって全景を見上げよう。町の城壁、そしていくつかの城門がよく残っている。　世界遺産登録名　セゴビア旧市街とローマ水道橋

46 ベルモンテ城

Castillo de Belmonte

スペイン王国

Mota del Cuervo

交通	マドリードから東南のベルモンテまで約150km。
分類様式	平山城、城郭。15世紀に築城、ゴシック式にムデハル様式を加味。
人物事件	ビジェナ侯フアン・パチェコ、セルバンテス。

　王位継承の争いにもしばしば大きな影響力を及ぼしたビジェナ侯の居城だった。緩やかな丘の頂上にあり、不規則な六角形で、高く堅固な城壁の各隅には大円塔が、その間には小円塔が配されて、守りを固めている。大手門の前、斜面を一段下がったところに、バルバカーナ（馬出し）がある。

　中庭に進むと、巨大なオメナーへの塔がある。一般にスペインで城の中核をなす大塔がオメナーへの塔と呼ばれるのは、ここで城主が封建家臣たちから忠誠の誓いを受ける慣わしだったからだ。

　また城の両翼からは城壁がのびて、城下町に達している。築城当時この城は難攻不落という評判を得た。いまでもスペインを代表する名城の一つ。後世まったく使われなくなって荒れていたが、1939年の内戦終了後に、すべて築城当時の姿に戻すという方針で修復された。城内ではゴシック式の石造窓枠や、ムデハル様式の格天井などが見もの。大広間にはゴシック式の家具がある。

城下町から。城の正面にバルバカーナが見える。

城壁の隅の大円塔と胸壁。

城下町を囲んでいた城壁の門。かなたに城が見える。

　城の城壁と塔の上に登ると、全体の構造がよく分かって興味深い。また、城の両翼から斜面にのびている城壁、白壁の家々が群れる鄙びた城下町、そしてセルバンテスの名作『ドン・キホーテ』の舞台になったラ・マンチャ地方の一角が一望のもとだ。

47 城郭都市アビラ 世界遺産

Ávila

スペイン王国

Castilla

川向こうの高台から城壁の北側と西側を望む。

交通	マドリードのチャマルティン駅からアビラまで列車で1時間30分ほど。城壁内は徒歩で巡る。
分類様式	城郭都市。ローマ時代の都市城壁の縄張を伝える、11世紀末の築造。
人物事件	アルフォンソ6世、王女ウラカ、ライムンド・デ・ボルゴーニャ、国土回復戦争。

ローマ時代からの古い町。

カスティーヤ王アルフォンソ6世が国土回復戦争を進めてきて、1189年にこの地を奪取。王の跡取り娘ウラカの婿で、武将としても傑出していたライムンド・デ・ボルゴーニャ（ブルゴーニュ公家のレイモン）に命じ、ムーア人の反撃に備えて、町を囲む城壁を築造させた。

急を要したので、ローマ時代の都市城壁が大破しながらも基部がよく残っていたのを利用。そのためローマ時代の都市城壁の縄張りがそのまま今日まで伝えられる結果になった。

先端が半円形、あとは方形というローマ時代特有の壁塔の造りなどもそのままだ。

城壁の全長は約2.7km、塔の数は88、城門の数は9。保存状態は極めて良い。

大聖堂の背面が城塞化され、半円形をなして城壁から出っ張っているのは、同じく頑丈な石造建築だから、両者を兼用させようとした知恵の表れ。

町のいちばん下方にある「橋の門」から城壁の外に出ると、川向こうの高台から城壁の北側と西側の全容を見わたせる。

城壁の南側。岩盤の上に築かれている。

サン・ビセンテ門の威容。

城壁の東南部にあるアルカサル門の近くから、城壁の上に登れる。ちなみにこの城門は、ムーア時代にこの一画にあったアルカサルの名残だ。城壁と城門の写真を撮るには、東北部のサン・ビセンテ門から出発し、時計回りで半周するのがベスト。町のなかに、大貴族の邸宅だったパラドール「ライムンド・デ・ボルゴーニャ」がある。世界遺産登録名 アビラの旧市街と塁壁の外の教会群

48 城郭都市コルドバ 世界遺産
Córdoba

スペイン王国
Andalucía

交通	マドリードからコルドバまでAVEに乗って約2時間。
分類様式	城郭都市。現存している城壁はローマ時代にできて、その後たびたび増改築された。
人物事件	セネカ父子、アブド・アッラフマーン1世、アルフォンソ10世。

コルドバは非常に古い歴史を持ち、前10世紀頃にできた。その後カルタゴの植民市になり、ローマ時代には属州上ヒスパニアの州都、イスラム時代には西カリフ国の首都になった。

イスラム時代に増改築された城壁が、旧市街の西南隅と東北隅のあたりによく残っている。

ことに西南隅のあたりは、城壁に加えて、イスラム建築の大傑作として名高いメスキータや、旧市街の情緒を色濃く伝えているフデリア地区があるため、訪れる人が多い。

かつて城壁の堀だったところは小公園になり、セネカ（子）の記念像がある。ローマ史に名高いセネカ父子は当地の出身。

城壁の外側には城塞アルカサルがある。イスラム時代のアルカサルはメスキータの拡張のため取り壊されてしまっていたので、1236年に当地を再征服したアルフォンソ10世がこれを新築した。ムーア人の職人たちを使って造らせたため、城塞の中庭は優雅なイスラム風だ。

アルカサルに近いローマ橋の向こうには、1369年に完成した橋頭堡ラ・カラオラがある。

城壁のアルモドーバル門。門内はフデリア地区。

堀跡の小公園。

ローマ橋の上から見た橋頭堡ラ・カラオラ。

メスキータを見たあと、フデリア地区を通り、城壁のアルモドーバル門から出て左へ、城壁沿いの小公園を歩き、アルカサルに入るのが、城郭愛好派におすすめのコース。アルカサルにはローマ時代の床モザイクなどの展示があり、中庭は写真に好適だ。さらにローマ橋を渡ってラ・カラオラへ。完形で残っている橋頭堡の好例。いまは歴史博物館になっている。世界遺産登録名 コルドバ歴史地区

49 城郭都市トレド 世界遺産
Toledo

スペイン王国
Castilla-La Mancha

交通	マドリードから南西に約70km。列車でもバスでも、約1時間。
分類様式	城郭都市。ローマ人、西ゴート王国、ムーア人、カスティーヤ王国、スペイン王国が次々に支配。
人物事件	西ゴート王レオヴィギルド、アルフォンソ6世、グレコ。

　曲流するタホ川の深い谷に三方を守られ、残る北側だけを特に厳重に防備すればよいという天然の要害。谷側の城壁はだいぶ消滅したが、北側の城壁はほぼ完全に近い姿で残っている。

　新旧さまざまの時代の城壁、城門、城塞化された橋などが、そのまま混在しているのが、トレドの大きな特色である。

　その最も良い例が北側のまんなかあたり。西ゴート時代の城壁と城門をムーア人が修復したものだが、トレドの表玄関だったビサグラ旧門はことにムーア時代の面影をよく伝えている。

　そのすぐ東方にあるビサグラ新門は、16世紀の後半、スペイン王国時代にできたもの。壮麗な建築ではあるが、もはや戦いに対する備えはなく、もっぱらハプスブルク家の威光を誇示するのが狙いだった。

　かつてトレドには城塞化された橋が二つあるだけだった。一つは東側のアルカンタラ橋で、9世紀末モーロ時代のもの。もう一つは西側のサン・マルティン橋で、13世紀カスティーヤ王国時代の改築。どちらも絵になりそうな風情がある。

タホ川の南側から。ここからは城壁、城門、城塞化された橋は見えない。

ビサグラ新門。

ビサグラ旧門。

城郭愛好派には次のコースがおすすめ。ビサグラ旧門から旧市街の中心部まで、狭い坂道を上り、アルカンタラ橋のほうへ下りて、対岸の高みにあるサン・セルバンドの出城へ。こんどは方向を変えて、城壁の北西寄り、カンブロン門からまた旧市街に入り、サン・マルティン橋のかなたまで行く。以上すべて、通常の観光には入っていない。 世界遺産登録名 古都トレド

50 スピシュスキー城 世界遺産

Spišský Hrad

スロバキア共和国

Spišské Podhradie

「三の丸」から「二の丸」の城壁越しに「本丸」を見上げる。

交通	プレショフから城下町スペシュケー・ポドフラディまで、バスで約40分。
分類様式	平山城、城郭。12世紀に築城、たびたび増改築、18世紀に放棄され荒廃、20世紀後半に修復。
人物事件	ハンガリー王国、サポヤイ家、ツルツォ家、ツサースキー家。

平原のなかにグイとそびえる小高い山の上にあり、麓から見上げたときの威容は比類がない。

古い城跡に12世紀に築かれ、ハンガリー王国のシュピース地方の行政と軍事の中心だった。

スロバキアは10世紀頃からハンガリー王国に組み込まれていたが、第一次大戦後にチェコスロバキアとして独立。その後チェコとは分離したのである。

1464年以降、この城は大貴族サポヤイ家、ツルツォ家、ツサースキー家が次々と受け継いだ。

最初は山の頂上を占める「本丸」だけだったが、13世紀に「二の丸」が完成。防備がいっそう厳重になるとともに、ロマネスク式の聖堂や居館が増築された。さらに14世紀には「三の丸」ができて、城の面積は2倍になった。麓から眺めても、上中下の三つの城郭が連なっているのがよく見える。

この国の大貴族は自前で兵団をかかえていて、召集があれば王のもとに馳せ参じる制度を18世紀まで保っていた。

18世紀に入りオスマン・トルコの脅威が去ると、このように要害堅固ではあるが居住性の悪い城に居る必要はなくなり、城主ツサースキー家は麓の町の快適な城館に移ってしまった。そして城はいつしか荒廃したのだが、1945年に国有になってから、部分的に修復された。

どこから見ても絵になる古城だ。過度に修復されていないので、古城という趣がいっそう深い。映画やテレビの時代劇撮影に愛用されているという。現代の城内への登城路は「二の丸」である。「三の丸」は城壁と塔が残っているだけだが、「二の丸」と「本丸」は、地形を利用した複雑な縄張りを持ち、いくつもの塔や城壁が重層して続いている。**世界遺産登録名** レヴォチャ歴史地区、スピシュスキー城及びその関連する文化財

51 リュブリヤーナ城
Ljubljanski Grad

スロベニア共和国
Ljubljana

交通 首都リュブリャナの駅またはバスターミナルからケーブルカー乗り場までバスの便。城へのケーブルカーがある。

分類様式 平山城、城郭。前1000年紀イリュリア人の砦、前1世紀ローマ人の町、13世紀末ハプスブルク家の城。

人物事件 ボヘミア王オットカー、ハプスブルク家の皇帝ルードルフ、オスマン・トルコの侵攻。

　リュブリヤーナはアルプスの支脈にまわりを囲まれた盆地にある。古来、イタリアとバルト海方面を結ぶ交易路「琥珀の道」、同じくイタリアとドナウ川中流域とを結ぶ最短の交通路の交点に位置して、民族去来の通り道にあたっていた。

　前1000年紀にイリュリア人がこの地方に定着し、のちにエモーナと呼ばれるようになる町を建設。町の背後にぽっかりと盛り上がっている山の頂上に砦を築いたのが、この城の起源。

　城を築くには絶好の地形で、以後この地方を支配するに至った者はみなその跡を受け継いだ。

　7世紀にはスラブ系のスロベニア人が西進してきて定着し、やはりこの山上に城を構えた。

　現存している城は、1270年にこの地方を領土に加えたボヘミア王オットカーが建設にとりかかり、1278年に彼を打倒したハプスブルク家の皇帝ルードルフがあとを受け継いだのが元になっている。

　しかし後世にハプスブルク家オーストリア帝国の地方総督の城館に改装され、中世いらい残っているのは主要な塔だけだ。

　旧市街からケーブルカーで城山に登り、城を訪ねる。山上からはアルプスの支脈をなす高い山々の連なり、あまたの塔が並び立つ旧市街の家並みが一望のうちである。

市街から城を見上げる。

城山に登るケーブルカー。

大規模に改修されていて、城郭愛好派としては、まずまずといった見どころである。塔の上からの眺望はすばらしい。

52 カレメグダン城（ベオグラード）

セルビア共和国

Kalemegdan / Beograd

古代から近代までの築城部分が混在。

交通	ベオグラード市内中心の共和国広場から歩行者専用のクネズミハイロバ通りを歩いて10分。
分類様式	平山城、城郭。古代の城塞の遺構、15世紀の堅固な城塞、18世紀の稜堡式城塞が混在。
人物事件	セルビア王ドラグティン、セルビアの豪族ラザレヴィッチ、オスマン・トルコの侵攻。

18世紀の稜堡式外郭の入口。

ドナウ川とサヴァ川の合流点を見下ろす高台に位置する。

これら二つの川は古代から交通・運輸の大動脈であり、バルカン半島の内陸部では、これら二つの川を抜きにしては交易も軍事作戦も成り立たなかった。その両河の水運を押さえる絶好の場所にあるこの高台は、築城のためにいつの時代でも最重要視された。

古くからあったイリュリア人の防御集落を奪って、前1世紀初めにローマ人が築城。シンギドゥーヌムと呼んで、ドナウ川の中流域全体を支配する重要拠点にした。

西ローマ帝国の衰退後は、さまざまの民族が去来したが、結局はセルビア人がこの地方に定着し、スラブ語で「白い町」を意味するベオグラードという市名が生まれた。

15世紀初頭にオスマン・トルコの脅威が迫ったとき、セルビアの豪族ラザレヴィッチがこの城を根本的に増強したものが、古代いらいの城塞の遺構とともに現存している。18世紀にはオーストリアが稜堡式の城塞を外郭に追加した。

15世紀の築城部分。

記録に残っているだけでも、なんと140回も戦場になったというから、損傷が激しいのはやむをえない。中心はやはり15世紀の築城部分。なかでもトルコ軍の大砲による攻撃に対応して、重厚な円形堡塁を両脇に備えた大手門や、城塞の中核をなす大円塔などが見もの。

53 プラハ城 世界遺産
Prague Castle

チェコ共和国
Praha

ヴルタヴァ川の対岸から城を眺める。

交通	市内の地下鉄およびトラムを利用。地下鉄ならA線マロストランスカ下車。
分類様式	平山城、城郭。9世紀末に築城、11世紀に大増築、のち城館に改装、平山城。
人物事件	ボヘミア王カレル1世（ドイツ皇帝カール4世）、ハプスブルク家の代官放り投げ事件。

細長い高台の上にあり、その麓をヴルタヴァ川が流れている。この川は日本ではスメタナの交響詩を通じ、ドイツ語のモルダウという名で知られている。長いあいだドイツ系の君主に支配されていた結果、ドイツ語が幅をきかせ、チェコ語は俗語として蔑視されていたのだ。いまではすべてチェコ語に改められた。

城は9世紀末にボヘミア大公が築いた。当初は土塁に木柵程度だったようだが、11世紀には高い塔をいくつも備えた堅固な石造の城になった。

この地方ではキリスト教の布教と並行して政治・軍事的支配が進められた関係から、城内に大聖堂がある。

1346年ボヘミア王カレル1世が神聖ローマ皇帝（ドイツ皇帝）に選出され、カール4世と呼ばれるようになった頃が、この城の全盛時代。

のちハプスブルク家の支配下に入り、地元代表たちが1618年に同家の代官を城の窓から外に放り投げた結果、三十年戦争が起こる。その後ハプスブルク家によって、城はもはや城の態をなさないほど改変された。

大手門の向こうに大聖堂の尖塔。

城内の職人街「金の小道」。

城の西南側にある大手門はもはや城の面影をとどめていない。城内では大聖堂を見てから、古雅なゴシック式の王宮のなかに入ろう。大広間や「代官放り投げ窓」などがある。そのあと城内の職人街「金の小道」を見て、もとには戻らず（ここが肝心）、そのまま東側の搦手の門から城外に出よう。大感激！ こっちのほうは中世の城郭だ。城の北外側もまわると、なおよい。 世界遺産登録名 プラハ歴史地区

54 城郭都市チェスキー・クルムロフ 世界遺産　チェコ共和国
Český Krumlov　　　　　　　　　　　　　　　　Český Krumlov

交通	プラハから列車で約4時間30分。長距離バスの便もある。
分類様式	平山城、城郭。14世紀の都市城壁の名残、13世紀後半に築城、のちたびたび増改築された。
人物事件	エッゲンベルク家、シュヴァルツェンベルク家。

　くるりくるりと円を描くかのように曲流するヴルタヴァ川にふちどられた愛らしい小さな町。

　中世末期から魚の養殖、ビール醸造などの地場産業で栄え、ルネサンス時代の美しい家々が残っている。愉快なだまし絵が外壁に描かれている家も多い。

　中世の城壁は川岸に沿って、あるいは山側に掘り込まれた深い切り通しに沿って、町を囲んでいたのだが、惜しくも19世紀に撤去された。いまでは北側の城門が一つと、城壁の一部だった堡塁が小公園になったり、城壁の塔が民家に取り込まれたりして残っているだけだ。

　城は高い円塔がそびえる東正面のあたりが、最もよく中世城郭の面影を残している。

　奥のほうはすっかり宮殿風の城館に改装されてしまった。城の案内人に連れられて部屋から部屋へとまわり、金ピカの馬車とか、135の人物が描かれている大広間とかを見させられるだけだ。その先にある庭園も広いだけで大したことはない。

高い円塔のあたりが城の入口。

ヴルタヴァ川と旧市街の眺め。

城は切り通しを渡り新館(左)と庭園に続く。

　この町の真価は旧市街にある。曲流するヴルタヴァ川と坂の多い地形のせいもあって、小さい町ながら撮影スポットは極めて多い。午前10時あたりから観光客が激増するので、できればその前に、心ゆくまで旧市街を散策したい。
世界遺産登録名　チェスキー・クルムロフ歴史地区

55 クローンボー城 世界遺産

Kronborg Slot

デンマーク王国
Helsingor

交通	首都コペンハーゲン駅から電車で約1時間、エルシノア駅下車徒歩約10分。
分類様式	水城、城郭。当初はゴシック式、改築され北欧ルネサンス式に、17世紀末に稜堡追加。
人物事件	フレデリク2世、クリスチャン4世、シェイクスピア、クリスチャン5世。

　クローンは王冠、ボーは城、クローンボーで王城という意味。

　デンマークとスウェーデンとのあいだの海峡が最も狭くなっているあたりを選び、1420年頃に築城されたのが起源。海峡を防衛し、また海峡を通る船から通行税を取り立てるのが目的だった。

　1574年からフレデリク2世が根本的に改築をはじめ、北欧ルネサンス式の王城になる。しかし1629年に火災で大きく破損し、クリスチャン4世がバロック式で再建した。

　17世紀末に大砲の急激な進歩に対応すべく、クリスチャン5世が城の外側に大規模な稜堡を追加。その後、陸軍の施設になっていたが、1923年に陸軍は退去し、歴史的文化財として修復保存されることが決まった。そうして城内では大改装が行われ、できる限りフレデリク2世やクリスチャン4世当時の姿に戻された。

　このように複雑な経緯をへてきた城なので、さまざまな時代、さまざまな目的の建造物が混在している。

　悲劇『ハムレット』の舞台として知られているが、シェイクスピアはこの城を訪れたわけではなく、北欧伝説と若干の史実をないまぜにした物語をもとに、この傑作を生み出したのであった。しかし海に臨む堡塁に立って、城館の高い塔を見上げると、そぞろハムレットの物語が心に去来する。

北欧ルネサンス式の城館。

シェイクスピアの像。ハムレットの物語の由来が刻まれている。

　大砲の進歩にあわせて後世に追加された巨大な稜堡の内側に、秀麗な北欧ルネサンス式の城館がそびえていて、城館の内外には、ところどころにバロック式の部分も混じっているという状況だ。各人がそれぞれ自分の好みに応じて見てまわるべきだろう。稜堡の一画をなしている堡塁では、古式の大砲がずらりと並んでいる情景も見られる。　世界遺産登録名　クローンボー城

56 フレデリクスボー城
Frederiksborg Slot

デンマーク王国
Hillerod, Frederiksborg

湖水を前景に入れて城の全容を眺める。

交通	コペンハーゲン中央駅から国鉄で約1時間。ヒレロズ駅下車、徒歩約10分。
分類様式	水城、城郭。北欧ルネサンス式、最古の部分は1560年に、主要部分は1602年に着工。
人物事件	フレデリク2世、クリスチャン4世。

海神の群像彫刻と噴水。

スロセー（宮殿の湖）という小さな湖水に浮かぶ三つの島をつなぐ形で築かれており、絵に描いたように美しい水城だ。

まず最初にフレデリク2世が造った城館を、1602年から1620年にかけてクリスチャン4世が増改築し、北欧ルネサンス式の見事な城館に仕上げた。この様式の城館としてはスカンジナビアでも最大である。

主としては赤煉瓦が用いられ、その間にはさまれている白い石と、屋根を葺いてある銅板の緑青があいまって、鮮やかな色彩のハーモニーを奏でている。

各所に彫像が配されているが、正面の前庭にある海神の群像彫刻と噴水はことに見事。

城内では華麗な礼拝堂が最も有名な見どころだ。クリスチャン4世の没後、この城は王の居城としては使われなくなり、さまざまな儀式、特に王や王妃の塗油式、戴冠式がこの礼拝堂で挙行される慣わしになった。いまでは地元住民の教会としても使われている。

そのほか城内は歴史博物館になっていて、主に歴史画、肖像画、彫刻などが展示されている。

礼拝堂。

見学者入口は城の裏側にあたり、湖岸と城との距離が短すぎて、あまりよい全景写真は撮れない。城の見学をすませたあと、湖水の向こう側にまわり、広い水面を前景に入れて、世にも美しいこの水城の全景をカメラに収めることにしよう。なお、庭園に興味がある向きは、隣接しているバロック式の大庭園を見ることもできる。

57 ヴァルトブルク城 世界遺産

Burg Wartburg

ドイツ連邦共和国
Eisenach

交通	フランクフルトの北東約200km。アイゼナッハ駅からヴァルトブルク城までバスの便あり。
分類様式	山城、城郭。11世紀後半に築かれ、その後たびたび増改築された。
人物事件	チューリンゲン伯ルートヴィヒ、ヘルマン1世、ザクセン選帝侯フリードリヒ賢公、ルッター。

　バッハの生地として知られるアイゼナッハの町の背後、森に囲まれた小高い岩山に位置する。1067年にチューリンゲン伯ルートヴィヒが築城をはじめ、その後なんども増改築されて、堅固無類の城になった。

　次の三つのことでドイツ史上に名高い。

　まず、騎士道文化が花開いた13世紀に、城主ヘルマン1世の創案により、この城でたびたび吟遊詩人の歌合戦が催されるに至った。歌合戦はのちにワーグナーの歌劇『タンホイザー』の題材になり、また19世紀に壁画に描かれて、大広間を飾っている。

　1521年、ルッターは身に危険が迫ってきたので、ザクセン選帝侯フリードリヒ賢公によってこの城にかくまわれ、聖書のドイツ語訳を完成し、宗教改革の進展と標準ドイツ語の確立に大きな貢献を果たした。

　1817年、ゲーテの主君として知られるワイマール公の配慮により、この城で学生団体の大集会が開かれ、宣言が採択されて、その後のドイツ民主化運動の歴史的な出発点になった。

外郭（右側）に続き、ベルクフリートのそびえる内郭がある。

大広間を飾る聖女エリザベートの壁画。

ルッターが聖書を訳した部屋。

　上の写真には入っていないが、向かって右手に深い空堀、跳ね橋をへて大手門があり、ここが城の最古の部分。続いては外郭で、木骨組の建物に囲まれている。そして防備堅固な中門を通り、本丸にあたる内郭へ。ベルクフリートが高くそびえ、居館のなかに壁画で飾られた大広間、ルッターが聖書を訳した部屋などがある。**世界遺産登録名** ヴァルトブルク城

58 コーブルク城
Veste Coburg

ドイツ連邦共和国
Coburg

交通	コーブルク市内中心部から徒歩、約1.4km。
分類様式	平山城、城郭。最古の部分は9世紀、その後11世紀、12、13世紀および16、17世紀に大増築。
人物事件	ザクセン・コーブルク公ヨハン・カジミア、ルッター。

　三方が急斜面になっている丘の上にあり、遠くまで眺望がきくとがこの城の自慢の一つ。

　三重の城壁をめぐらしている。いちばん外側の城壁は16、17世紀に付加されたもので、銃砲の発達に備え、正面入口のあたりは稜堡式だ。次に低い外城壁に続き、12、13世紀に築かれた壮大な岩壁のような内城壁がある。

　内城壁のなかには、さまざまな時代に造られた大きな建物が並んでいるが、礼拝堂はこの城に現存している最古の建物で、11世紀にさかのぼる。

　またカメナーテ（暖炉棟）という建物は、ルッターがアウクスブルクの帝国議会に呼ばれることを期待し、5か月のあいだ滞在していたことで知られる。

　ずっとザクセン・コーブルク公家の本城だったため、多種多様な文化財が保存されていたのに加え、現代になってからの追加も行われて、ヨーロッパでも有数の博物館になった。

　なかでもクラーナッハの絵画、約30万点の素描やグラフィック、約2万点のコインやメダル、武具甲冑、豪華な馬車などの収集は名高い。

稜堡の門から外城壁、内城壁の正面入口を見上げる。

豪華な馬車。

　内城壁のなかまで入ってしまうと、古風ではあるが背の高い建物がびっしり並んでいて、城だという感じがあまりしなくなる。城郭愛好派としては、外側をあちらこちらと歩いてみるのが狙い目だろう。

59 ハイデルベルク城
Heidelberger Schloss

ドイツ連邦共和国
Heidelberg

ネッカー川の対岸から、城の全景(中央)、町の城壁の一部と選帝侯の馬屋（右下）、カール・テオドール橋と橋頭堡（左手）。

交通	中央駅から旧市街までバスまたは市電を利用。旧市街の中心部から徒歩、またはケーブルカーなど。
分類様式	平山城、城郭。1214年に記録に初出、13世紀末に改築、その後たびたび増築、主要部はルネサンス式。
人物事件	プファルツ選帝侯ルートヴィヒ1世、同じくカール・テオドール、プファルツ継承戦争。

空堀と内郭の塔門。

外郭の門から内郭の塔門を見る。

　大学で名高いハイデルベルクの町のすぐ後ろ、緑美しい山の中腹に位置する。
　城は10世紀か11世紀頃にできたと考えられているが、記録に初出するのは1214年。
　その後17世紀に至るまでなんども増改築されたが、現存している内郭は見事なルネサンス式である。
　1688年にはじまったプファルツ継承戦争のとき、外郭はフランス軍の砲撃と火薬による爆破で半ば壊された。戦後、選帝侯カールは内郭を修復しただけで、あとはあきらめ、本拠をライン河畔のマンハイムに移した。
　プファルツ選帝侯領はワインの名産地で、年貢として上納される多量のワインを貯蔵しておくため、内郭の地下に造りつけになった巨大な酒樽がいくつもある。最大の酒樽は221,726リットル入りで、1軒の家ぐらいの大きさがあり、上に舞台が設けられている。
　ケーブルカーや車で城のすぐ近くまでゆけるが、城郭愛好派は町からブルクヴェークという道を歩いて登るとよい。昔はこれが唯一の登城路だった。

　旧市街のコルンマルクト広場の奥から、ブルクヴェーク（城の道）を歩いて登ると、途中いくつもの防御施設を通り抜けて、内郭のテラスに出られる。写真に好適なのは、その反対の山側、空堀や塔門のあたりである。全景写真はネッカー川の対岸から、橋頭堡のあるカール・テオドール橋や、ネッカー川をゆく船を前景に入れるのがベスト。

60 プファルツ城 世界遺産　　　ドイツ連邦共和国
Burg Pfalzgrafenstein　　　Kaub

交通　カウブ市街から連絡船を利用。

分類様式　水城、要塞。通行税徴収のための城、1327年に城郭完成、1607に堡塁追加。

人物事件　ライン川を上下する船から、積荷と旅客数に応じ通行税徴収。

ライン川の川中島にある。

略してプファルツというが、本当はプファルツグラーフェンシュタインで、宮廷伯の石という意味。ドイツ語圏にはシュタイン（石）とかフェルス（岩）で終わる城名がよくある。

最初は五角形の塔だけだったのに、のちに増築されて城郭の形ができ、さらに異常増水時の激流から城を守るために堡塁が加えられて、「石造りの船」という別名どおりの形になった。

近年に行われた修復で、内外ともに鮮やかな白色と褐色を呈するに至ったが、いぜんはもっとくすんだ色だった。

昔ヨーロッパでは街道筋、川筋、橋、港などに多くの関所が設けられ、それぞれの領主が通過する旅人の数や商品の価額に応じ、通行税を取り立てた。1回あたりの通行税は少額だったが、領主にはいい現金収入の種、行く先々でなんども払わされる旅人や商人には癪の種だった。14世紀にはライン川だけでも計64の関所があったという。

プファルツ城。向こうの斜面にブドウ畑やグーテンフェルス城が見える。

ライン川の客船。

特にライン川では、下りの急流、風向き、漕手(こぎて)の腕を頼りに、強行突破を試みる「不届きな船」があとを絶たなかったので、領主たちは川沿いに城を築いて、関所破り防止につとめた。ふつうは河岸の城であって、川中島の城は珍しい例である。

停船、接岸を命じる関役人の船がいつも待機していたが、強行突破をはかる船に対しては、容赦なく城から大砲をぶっ放して威嚇した。

ライン下りの船上から撮影するには、上甲板の右舷で待ち受けることが肝心。遠景にはじまって最接近の瞬間までシャッターを切り続けるのは、心躍るひととき。向こうにグーテンフェルス城も見える。プファルツ城を訪ねるには、カウブの側から渡し舟で。後世に城館に改築されることがなかったため、中世いらいの城郭の造りがほとんどそのまま残っている。**世界遺産登録名** ライン渓谷中流上部

61 ブルク・エルツ城
Burg Eltz

ドイツ連邦共和国

Moselkern

交通	コブレンツ中央駅からモーゼルケルンまで列車で約40分。駅から徒歩1時間。
分類様式	山城、城郭。1157年、記録に初出、15、16世紀に増改築、主要部は後期ゴシック式。
人物事件	ルードルフ・ツー・エルツ、33代目の当主エルツ伯カール博士、3家で共同所有。

　半月形の急峻な岩の高台を占める。モーゼル川の支流エルツ川が曲流してこの高台を囲んでおり、谷底からの高度差は70m。緑樹の繁る山々がすぐ近くまで迫っている。12世紀に騎士ルードルフ・ツー・エルツが築いた。最古の部分は重厚なロマネスク式だが、そのほかは15、16世紀の増改築による後期ゴシック式だ。

　主要な街道筋からは遠く外れているという不便を逆手に取り、強敵の攻撃を招かないようにする歴代城主の賢明な策が功を奏し、この城は一度も破壊されることなく、今日に至った。ドイツでも屈指の保存状態のよい城という評価が高い。

　外郭を通って内郭に進むと、狭い中庭を囲んで高い建物や塔がひしめきあうように並び、まさに古色蒼然。漆喰の剝げ落ちた石造りの塔の上には、木骨組の部分が継ぎ足され、天然スレート葺きのトンガリ屋根がのっている。このままで中世騎士物語の舞台になりそうだ。

赤っぽい石壁、白色と褐色の木骨組、天然スレートの輝きが山の緑に映える。

内郭を見上げる。

中庭を囲む古色蒼然たる建築群。

内郭の中庭では広角、超広角レンズの出番である。城全体がほとんど昔のままの姿で残っているので、絵になる場面がたいへん多い。内部では後期ゴシック式の広間、家具調度、厨房、武具甲冑、クラーナッハの絵などが見もの。全景写真を撮るには、すぐ川向こうにある山の斜面からがいちばん。

62 マルクスブルク城 世界遺産

Marksburg

ドイツ連邦共和国

Braubach

ライン川、ブラウバッハの町とマルクスブルク城。

交通	ブラウバッハ駅から徒歩30分。ツアーバスが駅と城を往復。
分類様式	山城、城郭。12世紀に築城、17世紀までたびたび増築。
人物事件	エプスタイン家、ハインリヒ4世、ヴィルヘルム2世、ドイツ城郭協会。

外郭の「きつね門」。

ライン河畔の町ブラウバッハからの高さが170mに及ぶ岩山のてっぺんにある。

12世紀にはじまり、13世紀から15世紀にかけての増築でほぼ現在のような威容が完成。17世紀に大砲の時代に対処すべく、外郭の三方に堡塁が追加され、さらに外郭から突出した一画に火薬塔が設けられた。たとえ火薬の大爆発という事故があっても、城の本体はビクともしないように、という配慮だ。

プファルツ継承戦争のとき、ルイ14世の命令でライン河谷の城はみな破壊された。ただ一つ、この城だけが破壊を免れ、中世・近世の城郭の造りがほぼ完璧な状態で保存されている。

きつね門という名の外郭の城門をへて、頭上に殺人孔が並ぶトンネル状の通路を抜け、内郭に達する。内郭の防備は厳重を極め、くねくねと折れ曲がっている通路のいたるところに矢狭間、鉄砲狭間、そして二重の城門が待ち受けている。

三角形の中庭に面して居館があり、窓からはライン川の眺めがよい。中庭の中央にはベルクフリートが高くそびえている。角塔の上に円塔がのるという特異な形だ。中庭の奥には皇帝ハインリヒ4世塔がある。内郭はすべて古雅なゴシック式だ。

前6世紀のケルト人の時代から、15世紀のルネサンス時代に至るまでの、武具甲冑の展示もあり、城の案内人が昔の城内生活について興味深い話を聞かせてくれる。

地形と城の構造の関係から、この城では写真によいアングルをみつけるのがなかなかむずかしい。また、通常の観光では、ライン下りはローレライの岩を過ぎたところで終わりになり、この城の下は通らない。別の船、あるいは鉄道で、ブラウバッハまで来る必要がある。なお、「殺人孔」は通路の天井に開けた孔で、侵入した敵を弓や槍、石、熱湯などで攻撃した。世界遺産登録名 ライン渓谷中流上部

63 ライヒスブルク城 (コッヘム)
Reichsburg

ドイツ連邦共和国
Cochem

交通	ザールブリュッケン中央駅からコッヘム駅まで約2時間。コッヘム駅より城までシャトルバスがある。
分類様式	山城、城郭。1051年に記録に初出、14世紀に大増築、1689年廃墟と化す、19世紀末にネオ・ゴシック式で再建。
人物事件	宮廷伯エッツォ、皇帝コンラート3世、トリーア大司教ボエムント、プファルツ継承戦争、ルイ・ラヴネ。

モーゼル河畔の町コッヘムのすぐ脇、緑樹とブドウ畑におおわれた小高い丘の頂上にある。

1000年頃に宮廷伯エッツォが築城。1151年に皇帝コンラート3世が接収したが、1294年に皇帝アドルフ1世が質入れし、トリーア大司教の所有に帰した。

14世紀に大拡張され、大司教の封建家臣が城代をつとめた。現存している最古の部分はこの時代のもので、ゴシック式だ。

1689年フランス軍により徹底的に破壊され、廃墟と化す。

廃墟のままトリーア大司教の持ち城だったが、ナポレオン戦争をへて、プロイセン王国に所有権が移る。

1868年にベルリン在住の富裕な実業家ルイ・ラヴネがこれを買い受け、当時の流行にしたがい、華麗なネオ・ゴシック式で再建し、夏の別荘とした。

廃墟とはいえ、なお残っていたベルクフリートの下層部分や、城壁や城門などの基礎部分はできるだけ生かすようにしたので、14世紀いらいの真正ゴシック式の部分と、19世紀の再建によるネオ・ゴシック式の部分とが、重なり合う形になった。現場に立てば、それは一目瞭然だ。

19世紀はロマン主義がもてはやされた時代で、古城の再建とはいっても、学問的な考証は二の次で、もっぱら想像による華やかな造形が好まれた。

現在は市立の博物館になっている。城の上からは緑の山々、モーゼル河谷のブドウ畑、モーゼル川をゆく船の眺めがよい。

モーゼル川の橋の上から眺めたライヒスブルク城。

聖クリストフのモザイク。

全景を撮るにはモーゼル川にかかる橋の上から、町の一部や、モーゼル川の船を前景に入れるとよい。城では、ベルクフリート下層の壁面にある聖クリストフのモザイクがすばらしい。幼児キリストを肩に負ってライン川を渡る伝説の聖者、クリストフの像だ。時間があれば、趣深い木骨組の家々が並ぶコッヘムの旧市街も歩いてみよう。

64 リーメスとザールブルク城 　世界遺産

ドイツ連邦共和国

Limes, Saalburg Fort　　　Saalburg

ザールブルク城の正門。

交通	フランクフルトから鉄道で約30分。
分類様式	長城と城郭。ローマ時代の国境防塞、長距離にわたる木柵と搔き上げ土塁に、城塞（カストルム）が付随。
人物事件	ローマ皇帝ヴェスパシアヌス、同じくドミティアヌス、ゲルマン人の侵攻。

リーメスの木柵、その右側に搔き上げ土塁。ローマ時代にはリーメス沿いの森は伐採してあった。

　リーメスとはラテン語で境界という意味だが、いまではドイツに現存するローマ時代の国境防塞の遺構のこと。

　ローマ人はライン川とドナウ川を自然の国境としていたが、1世紀後半に両河の上流にはさまれた三角形の地帯をも征服し、ゲルマン人の反攻に備えて、延々548kmにおよぶ国境防塞を築いた。大部分は木柵と搔き上げ土塁だけだったが、のちに一部は石造になった。

　防塞に沿って点々と監視塔が設けられ、また後方の要所には城塞が設けられて、ローマ軍が常駐していた。しかし結果的にはあまり役に立たず、260年頃にリーメスは各所でゲルマン人に難なく突破された。

　ザールブルク城はこのような城塞の一つを、考古学者が綿密に発掘調査し、1897年から10年がかりで忠実に再現したもの。さらにリーメスの木柵もごく一部ながら再現された。

　リーメスの搔き上げ土塁は2000年の風雪によく耐え、いまもなお森を抜け野を越えてどこまでも続いている。

城内に再現された建物は一種の歴史博物館になっている。城外にはローマ時代の浴場、ミトラ神殿、民家などの遺構がある。また森のなかの道を少しゆくと、再現された木柵と、古来の搔き上げ土塁が見られる。中世の人々はこの森のなかにどこまでも続いている不思議な溝と土手の正体が分からず、トイフェルスマウアー（悪魔の防壁）と呼んでいた。　世界遺産登録名　ローマ帝国の国境線（イギリスのハドリアヌスの長城などもふくむ）

幻想が生んだ中世騎士の世界　ドイツ、ロマン主義の城

　ヨーロッパでは18世紀末から19世紀にかけて、ポンペイ遺跡の発掘やギリシャ神殿の建築学的研究の進展によって、古典古代の美術を評価する新古典主義がおこり、さらに中世のゴシック様式などにあこがれを抱くロマン主義へと続く。特に三百余侯が群雄割拠したドイツでは、中世騎士の世界への憧憬を背景に、古城を改修して壮麗な城館を建築、権威を誇示する風潮が生まれた。城郭本来の軍事的意味を持たないため、擬古城などともよばれている。今や観光客に大人気の、これら城館を訪ねてみよう。

シュトルツェンフェルス城

　ライン川の要衝コブレンツに近いカペレンから、背後の山道を15分ほど登ると、クリーム色の瀟洒な城館が現れる。13世紀にトリアー大司教によって、ライン川の関税徴収のために築かれたこの城は、17世紀末には廃墟となっていた。1823年に城主となったプロイセン王国のプリンスは、ドイツ最大の新古典主義建築家とされるカール・フリードリヒ・シンケルにその再建をゆだね、今日の姿となった。

　山側の城門から見ると高くそびえるドンジョンも城館も屋根は平らで、上部は凹凸の連続する胸壁によって英国風に飾られている。胸壁は狭間の役割を持つが、ここでは装飾にすぎない。ドンジョンに近づくと、塔には側塔の2階から鉄の橋を伝わってしか入れず、中世以来の望楼としての姿をとどめている。城館の右手には、2本の尖塔を持つ礼拝堂がある。内部はきらびやかな聖書物語で彩られ、城主が戦闘への加護を願った荘厳な面影はなく、安らぎの空間だ。宮殿はフリードリヒ・ヴィルヘルム4世の夏の離宮だっただけに、「騎士の間」では豪華な調度と勇壮華麗な騎士図が迎えてくれる。アーケードをくぐってライン側に進むと、噴水を囲んで草花が咲き乱れる南国的な庭園に出る。副官の塔があり、眼下にライン川が一望できる。ロマン主義の画家でもあったシンケルならではの修復だ。

ホーエンツォレルン城

　大学の町テュービンゲンから南へ約25キロ行くと、シュヴァーベンの山々がせまり、その山頂の一つに「空中楼閣」とも称されるホーエンツォレルン城が姿を現す。ここは、プロイセン国王・ドイツ皇帝を生んだホーエンツォレルン家発祥の地である。破壊されていたが、1867年にプロイセン王国の宮廷建築家シュトゥーラーなどによって、多くの尖塔を持つ美しい城館に修築された。

シュトルツェンフェルス城、左にドンジョン、右に礼拝堂の尖塔。

「騎士の間」の壁画、騎士道を示している。

ライン川に望む副官の塔と庭園。

中城正堯 （財団法人日本城郭協会理事長）

麓からバスで登ると、樹間から見え隠れする城館が次第にその姿を現す。鷲の門をくぐって城内に入ると、広々とした中庭をはさんで両側に壮大な城館が建ち並び、この家出身のフリードリヒ1世の騎馬像や大砲が置かれている。豪華な宮殿にはいると、部屋毎に一族ゆかりの王冠や宝物・絵画・遺品が並ぶ。

ノイシュヴァーンシュタイン城

フュッセンの町の南に広がるバイエルン・アルプスの麓には、二つの名城がある。まず、1837年にバイエルン国王の皇太子マクシミリアン2世（後に国王）が修築したホーエンシュヴァーンガウ城で、ゴシック様式を取り入れている。もう一つは、この城で育ったルートヴィヒ2世が、国王となって近くの山中に1869年から建築を開始したノイシュヴァーンシュタイン城であり、今では二つの城は馬車で結ばれている。若き国王は心酔していた作曲家ワーグナーへの手紙で、築城への夢を「ドイツ古来の様式にかなった騎士の城として、素晴らしい眺めの場所に……」と述べている。城の完成を待たずに国王は謎の水死をとげるが、幻想的で華麗な城館が残された。王はリンダーホーフ宮殿なども建築し、国富を浪費したとか、美と狂気の王とよばれた。しかし、ノイシュヴァーンシュタイン城は今やドイツ屈指の観光地となり、年間130万人もの観光客が押し寄せ、人々を癒し、地元を潤している。

山頂に浮かぶホーエンツォレルン城。

山上の壮大な城館群。

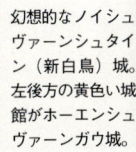

幻想的なノイシュヴァーンシュタイン（新白鳥）城。左後方の黄色い城館がホーエンシュヴァーンガウ城。

65 城郭都市ニュールンベルク
Nürnberg

ドイツ連邦共和国
Bayern

交通	ミュンヘンから列車で約1時間20分。フランクフルトからは列車で約2時間10分。
分類様式	城郭都市。皇帝の城、城伯の城、自由都市の城壁の3者が並存、平城、1050年に記録に初出。
人物事件	ハインリヒ3世、フーリドリヒ1世、カール4世、金印勅書、デューラー。

ニュールンベルクの町は不規則な菱形をしており、その西北隅を占める砂岩の高台に、皇帝の城と城伯の城がそびえている。城伯は本来は皇帝の代官だったが、のちには独立の領主の地歩を獲得して、市民と対立した。

町は皇帝の保護下にある城下町として発足したが、遠隔地商業や手工業が盛んになって大躍進をとげ、領主の支配をはねのけて、皇帝直属の自由都市になる。南ドイツではアウクスブルクと肩を並べて、帝国自由都市の双璧と称えられた。

現存している町の城壁は、町の発展につれて3次にわたり拡張されたもので、全長約5km。しかし第二次大戦の爆撃で破壊され、再現された部分も目立つ。皇帝の城、城伯の城も被爆したが、その重要部分、ことに皇帝の城はよく修復されている。

城のすぐ下からはじまる旧市街には、古風な木骨組の家がたくさん残っている。皇帝の廐という通称で知られる巨大な穀物倉や、画家デューラーの家もそうだ。市内を貫流するレーグニッツ川には木造の橋、河畔には古風なワインの酒蔵もある。

城伯の城。塔上からの眺めがすばらしい。

山側から空堀を越えて皇帝の城と城伯の城へ。

名は皇帝の廐、実は自由都市の巨大な穀物倉。

上記のほか城郭愛好派は次の箇所がおすすめ。城の下から西側の城壁の哨兵路に上がり、レーグニッツ川の橋を越えたあたりまで歩くことができる。城とは正反対の、城壁の東南隅には巨大な円塔が健在で、空堀を隔てた城壁や城門の眺め、城壁内にあるハントヴェルカーホーフ（手工業者の一画）ともども、散策にも写真撮影にも好適。

66 城郭都市ローテンブルク

ドイツ連邦共和国

Rothenburg ob der Tauber

Bayern

交通 ニュールンベルクからローテンブルクまで、列車で約2時間30分。

分類様式 城郭都市。領主の城跡、帝国自由都市の城壁、970年に記録に初出、1274年に帝国自由都市。

人物事件 豪族ライニガー、皇帝コンラート3世、ルードルフ1世、マイスタートルンク。

　曲流するタウバー川の深い谷に三方を囲まれた要害の地に、豪族ライニガーが小さな城を築いたのが起源。

　11世紀にこの城は皇帝の直接支配下に帰し、なんども拡張されたが、地震で大破して放棄され、いまではブルクガルテンという城跡公園になっている。

　城がなくなっても、城下町だけは商業と手工業で発展を続け、1172年に皇帝から都市権を認められ、1274年には皇帝直属の自由都市に昇格した。

　12世紀に町を囲む第1次城壁が築かれ、13世紀には市域の拡大に応じて第2次城壁ができ、14世紀には南のほうに突出する形で第3次城壁が付加された。

　城壁の拡大により、古い城壁の不要になった部分は、記念として城門を残すのみで取り壊され、跡地は市民に売り渡されて、城壁拡大の資金にあてられた。

　城壁の全長は3.4kmにおよび、六つの城門や多数の塔ともども、完璧に近い状態で保存されている。

第1次城壁のブルク門。当市では最古。

被爆して修復された東側の城壁。

中世の都市城壁の珠玉といえよう。ただ、城壁の東側だけは第二次大戦で被爆し、戦後に修復された。

第1次城壁撤去のあと、記念に残されたマルクス塔門。

　城郭愛好派なら、この町に何日いてもまだ足りないぐらい、見るべきものが多い。城門は西側から時計回りで、ブルク門、クリンゲン門、レーダー門、シュピタール門、コーボルツェラー門は必見。城壁の上の巡警歩廊は大部分にわたって歩ける。旧市街の家々、マルクト広場、市役所の塔上からの眺め、そしてコーボルツェラー門外の坂下にある中世の石橋もすばらしい。

67 テオドシウスの城壁（イスタンブール） 世界遺産
Theodosian Walls
トルコ共和国
Istanbul

外城壁、中城壁、そして内城壁へと、しだいに高くなっているのが分かる。空堀は野原や畑と化した。

交通	旧市街からは、トラムM1でトプカプ駅下車。歩いてすぐ。
分類様式	長城。城壁は、413年に築城開始、447年に三段構えの大城壁になる。
人物事件	東ローマ皇帝テオドシウス、スルタン・メフメト2世、ビザンチン皇帝コンスタンティノス。

現イスタンブールは、前7世紀にギリシア人の植民市ビザンチオンとして発足。330年ローマ皇帝コンスタンティヌスがここに都を移してからは、コンスタンチノープルと呼ばれるに至る。そして東ローマ帝国と、それを受け継いだビザンチン帝国の時代になっても、ずっと帝都であった。

東ローマ帝国の勢威が衰え、ゲルマン人の脅威が迫ってきたのに備えて、皇帝テオドシウスが築いたのがこの大城壁。工事は413年にはじまり、439年に一応完成したが、直後に大地震でひどく損傷した。そこで大規模な増改築を施し、外城壁、中城壁、内城壁の三段構えにして、447年に完成を見た。

城壁の奥行は60m、空堀の底から内城壁の上までの高さは30m。外城壁に取り付いた敵兵に対し、中城壁はもとより、内城壁の上からも、飛び道具で応戦できる設計になっていた。

コンスタンチノープルは北は金角湾、東はボスポロス海峡、南はマルモラ海に臨む半島だ。これら海側にも城壁はあったが、最大の弱点は陸続きの西側である。テオドシウスの城壁はこの西側の守りを固めるために、古い城壁のずっと西外側に新築されたもの。金角湾岸からマルモラ海岸まで、全長は約6.7km。

この大城壁が威力を発揮し、たびたび外敵の攻撃を退けることができたが、1453年オスマン・トルコ軍の猛攻により陥落。ビザンチン帝国は滅びた。

近年に修復された部分もあるが、激戦の末に大破し、600年近い星霜をへて遺跡と化した部分のほうが、はるかに趣があり、写真にもよい。城壁のマルモラ海岸近くには、オスマン・トルコのスルタン・メフメト2世が付け加えた城塞イェディクレ（七つの塔という意味）があり、最初は城塞、次には宝物庫、最後は国事犯の牢獄として使われた。　世界遺産登録名　イスタンブール歴史地域

68 アーケルスフース城
Akershus Fortress

ノルウェー王国
Oslo

城の中心部。外郭はこの左右に広がっている。

交通	オスロの中心部、港に面する市役所前広場から歩いてすぐ。
分類様式	水城、城郭。13世紀末に築城、17世紀に大拡張、城内に宮殿を増築。
人物事件	ノルウェー王ホーコン5世、デンマーク王・兼ノルウェー王クリスチャン4世。

円塔と忍び口を擁する外郭の城壁。

外海から深く入り込んでいるフィヨルドの、いちばん奥にあるオスロの町と港を守るため、ホーコン5世が1290年代に築いた。氷河が削り残していった荒々しい岩盤の上に位置する。

1308年にスウェーデン軍により海陸から攻囲されたのを手始めに、たびたび強敵の攻撃を受けたけれども、頑として守り通し、一度も落城しなかった。

1380年からノルウェーはデンマークと同君連合の関係になり、17世紀にクリスチャン4世が外郭を大拡張するとともに、内郭に北欧ルネサンス式の宮殿を付け加えた。

しかし19世紀になるとこのような城は軍事的な意義を失い、また宮殿としても使われなくなって、荒れ果ててしまう。第二次大戦中はドイツ軍が政治犯の牢獄として使っていた。

そして戦後に、ほぼ17世紀の姿に戻すという方針で修復されたのである。

外郭の城壁には、さまざまな様式の青銅製の大砲がずらりと並び、フィヨルドを睨んでいる。古式の大砲に関心の深い向きには、興味尽きない見どころだ。

宮殿の内部は現在は国や王室の行事にだけ使われている。見学ツアーに参加すると、宮殿内部の要所を見ることができる。

いまでは道路を隔てて、かつての外郭の東南部に17世紀にできた兵器庫がある。ノルウェー軍事博物館になっており、1500年頃からの兵器が時代順に展示されている。海上からこの城の全容をカメラに収めるには、市役所前の桟橋から頻繁に出ているビュクドイ半島行きのフェリーに乗るとよい。ビュクドイ半島では民俗博物館、古民家園、バイキング船などが見もの。

93

69 ブダ城 世界遺産

Budai Var

ハンガリー共和国

Budapest

ブダの王城跡にある宮殿（現在は博物館）。

交通	ブダ側のくさり橋からケーブルカーを利用できる。
分類様式	平山城、城郭。10世紀末に簡素な王城、13世紀後半に本格的な王城と城郭都市。
人物事件	イストヴァン1世、ベーラ4世、モンゴルの侵攻、オスマン・トルコの侵攻。

一部修復された城郭の円塔と城壁。

ブダペストは、ドナウ川西岸の細長い高台の上にあった王城を中心とする町ブダと、東岸の平地にあった商人の町ペストが、のちに合体してできた。

ブダの高台に簡素な王城を造り、住民を誘致したのはイストヴァン1世である。しかし1241年にモンゴルが襲来。王城も町も灰燼に帰した。

13世紀の後半、ベーラ4世が本格的な王城と高台の全周をめぐる城郭を築いたのが、ブダ城の起源。王国の都は要害の地エステルゴムに移されたままだったが、それも1361年にブダに戻された。

1526年ハンガリー軍はモハッチでオスマン・トルコ軍に大敗。ブダも占領された。その後ブダはオーストリア軍とトルコ軍のあいだで争奪の的になり、王城と城郭都市、つまりブダ城は荒廃した。そしてトルコの脅威が去ってからも再建はされなかった。もはや中世風の城を造る時代ではなかったからだ。

しかしブダペストの町自体は大発展をとげ、19世紀には王城の跡に壮大な宮殿ができた。いまではいくつもの博物館が入居している。

その昔のブダ城の姿をいくらかでも伝えているのは、ブダの高台をめぐる城郭の残存部分だ。城壁、円形稜堡、円塔で守られた城門などが、ちらりほらりと残っていて、一部は修復されている。しかしまとまった城郭の態をなしているわけではなく、ブダ城の全容は想像のなかで再現するほかない。世界遺産登録名 ドナウ河岸、ブダ城地区及びアンドラーシ通りを含むブダペスト

70 スオメンリンナ 世界遺産
Suomenlinna Fortress
フィンランド共和国　Helsinki

海岸沿いの稜堡。

交通	ヘルシンキのマーケット広場のフェリー乗り場から船で渡る。所要15分ほど。
分類様式	水城、要塞。18世紀の稜堡式城塞。
人物事件	スウェーデンのエーレンフェルド将軍、フィンランド戦争、クリミア戦争。

19世紀の要塞砲。

　ヘルシンキ沖合いの島にある。18世紀、フィンランドがまだスウェーデン領だった時代に、この方面の防衛力を強化するため、スウェーデンが築いた。1748年に着工。エーレンフェルド将軍が総指揮を執った。

　フィンランドの周辺は多島海だ。この要塞は、互いに近接する大小六つの島々を橋、堤道あるいは埋め立てで連結して構築してある。稜堡の総延長は8km。計1300門の大砲を据えるスペースがあった。

　1808年のフィンランド戦争で、ロシア軍の奇策にひっかかって陥落。ロシアの手に帰した。

　1855年のクリミア戦争のとき、英仏艦隊の猛砲撃を受けたが、ロシア側は大砲が旧式のままだったので相手に届かず、英仏艦隊のなすがままで、要塞の西側はひどく破壊された。

　第一次大戦後フィンランドは念願の独立を達成。この要塞もフィンランドのものになり、スオメンリンナ、すなわちスオミ（フィンランド）のリンナ（城）と命名された。いまでは市民の行楽地である。

稜堡式要塞の常として、全体がのっぺらぼうであり、写真は撮りづらい。そして、とにかく広い。クリミア戦争後、ロシアはこの城塞の問題点に気付いたが、部分的な修復と、新式大砲の設置しかしなかった。そのため西側には破壊された稜堡の基礎がそのまま残っていて、稜堡の縄張りがかえってよく分かる。 世界遺産登録名 スオメンリンナの要塞群

71 アンジェ城 世界遺産

Château d'Angers

フランス共和国

Angers

交通	パリ・モンパルナス駅から列車でアンジェ駅まで約1時間40分。駅前から徒歩10分ほど。
分類様式	平城、城郭。9世紀末に築城、13世紀に増改築、領主の城、王家の城だった時期もある。
人物事件	アンジュー伯「赤毛のフルク」、同じくフルク・ネラ、ヘンリー2世、ルイ9世。

ロワール川の支流メーヌ川に臨む細長い高台の突端を占める。

アンジュー伯「赤毛のフルク」が9世紀末に築き、同じくフルク・ネラが11世紀に増築。フランス王家の手に帰してから、ルイ9世がさらに増改築した。

いまでは堀跡は公園になっていて、模様花壇が美しい。堀跡からの城壁の高さは40mもある。高台の斜面を削り取って崖にし、それを石造の擁壁で固めるという工法を用いたので、このようにすごく高い城壁の構築が可能だったのだ。

城壁には17基の大円塔が並ぶ。黒い石の層と白い石の層を交互に重ね、豪快な縞模様を表してある。大円塔は当初はもっと高く、その上にトンガリ屋根が乗っていた。

1580年代、宗教戦争の渦中で、アンリ3世はこの城が国王反対派の拠点になることを恐れ、城代に城の破壊を命じた。城代はこの名城をムザムザ破壊する気になれず、わざと工事を遅らせているうちに王は暗殺され、大円塔群の破壊は幸いにも城壁の高さでストップ。また、19世紀に大手門の前郭が撤去された。

堀跡の模様花壇から大手門を見上げる。

町側にある搦め手の門。跳ね橋が見える。

城壁の高さまで大円塔が壊されたことが分かる。

隅塔から城内を見下ろす。

堀跡の模様花壇から、地上20mぐらいの高さにポッカリ口を開いている大手門が見られる。19世紀に道路建設のため前郭が撤去されるまでは、前郭から跳ね橋を渡ってこの大手門に入るようになっていた。いまは町側にある搦め手の門から入る。城内では14世紀にできた74面のタピスリーの展示が名高い。主題は新約聖書の「黙示録」。 世界遺産登録名 シュリー－シュル－ロワールとシャロンヌ間のロワール渓谷

96

72 アンボワーズ城 世界遺産　　フランス共和国
Château d'Amboise　　Amboise

|交通| パリ・オステルリッツ駅より列車で約2時間15分。アンボワーズ駅から徒歩10分ほど。|

|分類様式| 平城、城郭。古代の砦跡、11世紀に城塞、15世紀後半から16世紀前半に部分改築して城館に（フランス最初のルネサンス様式）。|

|人物事件| シャルル8世、フランソワ1世、ダ・ヴィンチ、宗教戦争、アンボワーズの大虐殺。|

内郭のシャルル8世棟。

　昔は大きな川に橋をかけることは容易ではなかった。橋はごく限られた場所にしかなく、人々の往来や物資輸送のためにも、軍事上も極めて重要だった。

　そこで領主や国王は橋を押さえることができる地点によく城を設けた。アンボワーズ城もそうで、ロワール川の橋を眼下に見下ろす台地に位置している。

　11世紀初頭、アンジュー伯フルク・ネラがここに石造の堅固な城を築いたのが起源。1434年、王位継承をめぐる紛争の結果、この城は王家に接収され、外周は中世城塞の面影をよく残したまま、郭内は優雅なルネサンス式の城館群に変貌した。

　レオナルド・ダ・ヴィンチはフランソワ1世に招かれてこの地にやってきて、王から町なかに館クロ・リュッセを下賜され、人生最後の3年間をすごした。彼の墓が城内の聖ユベール礼拝堂にある。

　1560年、フランス全土で旧教徒と新教徒が激しい抗争を繰り広げていたとき、旧教徒の巨魁ギーズ公を暗殺しようとした陰謀が露見して、新教徒1500人あまりが捕らえられ、この城に連行された。

　ギーズ公は事実をねじ曲げて国王暗殺計画だと強弁。若年のフランソワ2世に迫って全員処刑を命じさせる。斬首されたり、縛り首にされたり、重い石を積んだ車で轢き殺されたりして、城内は死骸と死者の糞尿の臭いで息も詰まりそうになった。

　歴史に悪名高いアンボワーズの大虐殺である。

大虐殺の絵図。王、王妃とお付きの者は最後まで臨席を強いられた。

見学者入口は後世に内郭の横腹にぶち抜かれた通用口で、なんの変哲もない。城郭愛好派はロワール川を背に、城を左に見ながら300mほどゆき、左へ石段と坂道を回りこむと、古来の前郭、空堀、大手門、外郭の遺構が見られる。その先が内郭だ。ロワール川の眺め、唯一残存している城館シャルル8世棟、別棟の聖ユベール礼拝堂が見どころ。 世界遺産登録名 シュリー－シュル－ロワールとシャロンヌ間のロワール渓谷

97

73 ヴィトレ城
Château de Vitré

フランス共和国

Vitré, Ille-et-Vilaine

交通	パリ・モンパルナス駅から列車で約2時間。ヴィトレ駅から歩いてすぐ。
分類様式	平城、城郭。領主の城、11世紀に築城、増改築をへて15世紀に現在の姿に。
人物事件	ブルターニュ公の封臣ロベール、ラヴァル・モンフォール家。

ヴィレーヌ川の深い谷に臨む細長い台地の先端を占める。フランスにはこのような地形を利用した城が多い。台地に続く側は空堀で仕切ってある。

ブルターニュ公の封臣で、この地に所領を与えられていたロベールが築いた城が起源。ブルターニュ公は15世紀末まで国王に対し半独立の地歩を保ち、公領の辺境に点々と封臣を配して堅城を設け、守りを固めていた。この城も、後述のフジェール城も、その一つ。

中世城郭の威容がほぼ完全に保存されているという点で、この城はフランスでも屈指だ。ただ外郭だけは19世紀に取り壊され、広場になっている。城内では市役所になっている部分を除き、高い城壁の上や塔内を自由に歩ける。城外から見上げても、城前の広場から眺めても、塔上から城内を見下ろしても、思わず歓声をあげたくなるほど古城の風格は満点だ。城前の広場に続いては旧市街があり、石畳の道に古さびた木骨組の家々が軒を並べている。

下町から城を見上げる。木骨組の民家や、城下町の城壁の円塔も見える。

城前の広場から。

城の中庭。城壁、塔と歩廊、貯水槽入口が見える。

城門の跳ね橋の構造がよく分かる。また、城壁の石落としがふさがれてはいないので、高い城壁の上から裾まで見通すことができて、石落としとなるものの機能を如実に想像できる。どこもかしこもすばらしいが、ことに西北の隅塔からの眺めは絶妙。帰りには、ぜひとも旧市街の家々と城壁を見ておこう。旧市街を囲んでいる城壁の北側と東側もよく保存されている。城壁の外側に素敵な散策路がある。

74 ガイヤール城
Château Gaillard

フランス共和国
Les Andelys

城の右側から前郭、廃墟と化した中郭、高い後郭とドンジョン。

交通 ルーアンからガイヨンまで列車で約30分。駅からレザンドリーにある城まで約12km。バスがないので徒歩。

分類様式 平山城、城郭。1196年に築城、1600年頃に国王アンリ4世の命令で破壊され廃城に。

人物事件 リチャード獅子心王、フィリップ2世、1204年に前代未聞の奇襲で落城。

イギリスでは12世紀半ばにウィリアム征服王の直系が絶え、フランスのアンジュー家が王位を継いだ。プランタジネット家のヘンリー2世である。

彼はイギリス王であると同時に、アンジュー家伝来の広大な所領を持ち、さらに妃エレノールはフランス最大の所領を誇るアキテーヌ女侯だった。こうしてイギリス王がフランスであわせ持つ所領は、フランス王カペー家の王領の10倍に達するという異常な状態になった。

その後カペー家はプランタジネット家の所領を奪い、王領を拡大することに全力を傾ける。フランス王フィリップ2世と、イギリス王リチャード獅子心王、同じくジョン欠地王の代に、抗争は山場を迎えた。

ガイヤール城はセーヌ川を眼下に見下ろす高台に、獅子心王が突貫工事で築いた無類の堅城だ。カペー家の本拠パリに、刃を突きつけるような存在だった。

獅子心王は勇猛をもって聞こえ、無類の戦上手だった。フィリップ2世はじっと機会を待つ。そして獅子心王が矢傷がもとで敗血症で死に、弟で無能なジョン欠地王があとを継いだとき、勇躍してこの城を攻囲する。

しかし城は一向に落ちそうにない。フランス勢は城壁の縁に設けられている便所の穴が異常に大きいことに着目。決死隊が暮夜ひそかに攻城梯子をかけて突入に成功。城門を襲い、内側から開いて味方を引き入れ、激闘の末ついに城を奪取した。

左から前郭、空堀、フランス勢が奮戦、突入した中郭、高い後郭とドンジョン。

セーヌ川を背景に入れるには、前郭の外の高みからがよい。城の全容をカメラに収めるには、セーヌ川とは反対の側にある深い谷のかなたからベスト。城内では、日本の城でいえば天守にあたるドンジョンのあたりまで行ってみよう。

75 シノン城 世界遺産
Château de Chinon

フランス共和国
Chinon

交通	トゥールからシノンまで列車で約50分。駅前からバスで約15分。
分類様式	平山城、城郭。10世紀にブロワ伯テオバルが築城、12世紀にヘンリー2世が大増築。
人物事件	ヘンリー2世、フィリップ2世、王太子シャルル＝シャルル7世、ジャンヌ・ダルク、メリメ。

　ロワール川の支流ヴィエンヌ川に沿って、細長く突き出ている高台に位置し、三方を断崖で囲まれた天然の要害だ。高台と川にはさまれて城下町がある。
　ブロワ伯が築いた城を、954年にアンジュー伯ジョフロワが奪い、ヘンリー2世がサン・ジョルジュ郭を付け加えるなど、大増築を行った。
　サン・ジョルジュ郭はのちに住宅地になったが、斜面には城郭の石組みが厳然と残っている。
　私たちはサン・ジョルジュ郭を背に、深く大きな空堀を越え、時を告げる鐘のある時計塔門をくぐって、ミリユ郭（中郭）に入る。左右に高い城壁、行く手にもう一つ城門があって、枡形を構成していたが、いまではこの城門は礎石を残すのみだ。
　かつてミリユ郭にはいくつもの建物があったのだが、いまは一部だけが残っている。ここで興味深いのは、ジャンヌ・ダルクが初めて王太子シャルルに会った大広間の遺構や、ジャンヌ・ダルク関連の資料室。
　さらに空堀を越え、クードレー郭へ。ジャンヌ・ダルクが部屋を与えられていた円塔がある。

左端からクードレー郭、ミリユ郭、高い時計塔門、空堀、サン・ジョルジュ郭。

空堀、時計塔門とミリユ郭。

クードレー郭。左下に城下町とヴィエンヌ川。

ロワール川の中流地方には城が多いが、古城の趣が深いという点ではこの城が随一。後世に城館に改装されなかったので、中世城塞の構えがよく残っている。『カルメン』の作者として名高いメリメは、歴史的文化財総監としてこの城の保全に力を尽くした。帰路には、時計塔門を出てすぐ右へ、急坂を下りて、古風な家々が残る城下町を訪ね、川向こうから全景を眺めたい。**世界遺産登録名** シュリー－シュル－ロワールとシャロンヌ間のロワール渓谷

76 タラスコン城
Château de Tarascon

フランス共和国
Tarascon

交通	ニームからタラスコン・シュル・ローヌまで約5km、列車で15分ほど。
分類様式	平城、城郭。ローマ時代の城塞跡、12世紀に築城、15世紀まで増築、完璧な中世城塞。
人物事件	プロヴァンス伯ルネ善良王、プロヴァンス文芸の黄金時代。

ローヌ河岸沿いに細長く露頭している岩盤の上にあり、片やローヌ川に直面し、片や堀で守られている。

1481年までフランスとはまったく別個独立の立場にあったプロヴァンス伯国の、本拠の一つだった。フランスと合体したあと、王侯の居城になることなく、1926年まで牢獄として使われ続けたので、城館に改装されることを免れ、もっぱら戦闘に備えた中世城塞の姿が、完璧な状態で修復・保存されている。

城壁の高さは48m。12階建てのビルと同じくらいあり、石落しと、矢狭間を備えた胸壁がびっしり並んでいる。残念ながら跳ね橋は撤去されているが、跳ね橋を吊っていた梁の溝、そして大戸と忍び口の跡は、確然と残っている。忍び口の狭い跳ね橋は一本梁で吊ってあった。

ローヌ川の橋の上から眺めると分かるが、ドンジョン（天守）には、ローヌ川に面して小さな物見の窓があるだけで、あとはまったく窓がない。これが投石機の攻撃に備えた中世城塞の本来の姿だ。他の多くの城では後世に窓が設けられてしまった。

ローヌ川の橋の上からドンジョンを眺める。

外郭の入口。高い城壁に跳ね橋の跡、石落とし、胸壁が見える。

外郭の中庭。

外郭の中庭はいまでは小公園。内郭では城主、奥方、騎士、衛士などがいた部屋や礼拝堂などが、昔どおりに修復されて博物館になっている。ドンジョンの屋上から、ローヌ川を隔ててボーケール城が見える。ローマ時代の五大幹線街道の一つアウレリア街道はここでローヌ川を渡っていた。中世以降の街道もそれを受け継いでおり、城の立地の重要性が分かる。

77 ディフ城
Château d'If

フランス共和国
Marseille

交通	マルセイユの沖合約3km、連絡船で15分ほど。
分類様式	水城、要塞。1524年から31年にかけて築城、のち政治犯や宗教犯の牢獄。
人物事件	フランソワ1世、鉄仮面、アレクサンドル・デュマ、ミラボー、パリ・コミューン。

日本ではデュマの名作『モンテ・クリスト伯』を通じ、シャトー・ディフとして知られているが、「イフの城」という意味。

マルセイユの沖合いにあるイフ島の全体を占めている。小さな岩島で、海からじかに立ち上がっている岩の急斜面、あるいは断崖絶壁の上に、外郭の城壁がびっしり連なっている。小さな船が接岸できる場所が、たった一つあるだけだ。島の中央に一つの独立した城のような内郭があり、高いドンジョンの屋上まで登れる。

マルセイユ防衛のために海上に設けられた城塞だが、まもなく政治犯や宗教犯の牢獄に転用された。脱獄することも、外部から襲撃をかけることも、とうてい不可能だったからであろう。内郭の上層から、岩盤に掘りこまれた地下に至るまで石牢が並び、そこに収監されていた有名人物の名が出ている。

宗教戦争で捕らえられた新教徒たちや、パリ・コミューンの生き残りたちは、地下の石牢で悲惨な日々を過ごしたという。

右端に近い大円塔がドンジョン。

イフ島の唯一の船着場から。

内郭の入口。砲門がこちらを睨んでいる。

マルセイユ旧港のほとり、名物の魚の朝市が立つ岸壁から、島々を結んでいる小さな定期船でイフ島に行く。出航早々からもうカメラの出番だ。旧港の出口右手にサン・ジャンの砦（デュマの小説はこの砦からはじまる）、同じく左手にサン・ニコラの砦が迫ってくる。イフ島に着く前に、船上から全景写真を撮っておこう。城内では、ドンジョンの屋上から紺碧の海、マルセイユの町、付近の島々の眺めがよい。

78 フジェール城
Château de Fougères
フランス共和国
Fougères

交通	レンヌから北東48km。レンヌ駅前からフジェールまでバスで約1時間10分。
分類様式	平城、城郭。1024年にできた小さな城が起源、12、14、15世紀に大増築。
人物事件	ブルターニュ公の封臣ラウール2世、ヘンリー2世、メリュジーヌ家。

地上に高く露出している岩盤に立地し、巾着の紐を締めたように曲流するナンソン川を天然の堀としていた要害。

岩盤の上に築城すると大きな利点があった。ヨーロッパの城は多量の石材を積み上げて築くので、ものすごく重い。よほど基礎をしっかり造っておかないと、地盤が不整沈下して城壁や塔に亀裂が生じ、果ては崩壊する恐れがあった。岩盤の上なら心配はない。

また、敵が地下にトンネルを掘り進めてきて、城壁を崩落させる危険も皆無だった。それで、できうる限り岩盤という立地を選んだのだ。

この城も前記のヴィトレ城（p.98）と同じく、ブルターニュ公が辺境防衛のために、封臣を配して築かせた堅固無類の城だ。規模はヴィトレ城よりはるかに大きいが、保存状態はやや劣る。

外郭は巾着の口の部分で、城下町に接している。中郭は巾着の中身。内郭は巾着の底にあたり、岩盤の最高所を占め、ドンジョンの遺構がある。三つの郭は堅固な城壁をめぐらし、大小合わせて13基の塔を擁する。城壁の上はずっと歩ける。

城下町（左）、大手門と外郭。

町の城壁とその門（右）、外郭。

内郭の城壁と二つの大塔。

城の内外には写真に絶好の地点がいっぱいある。ナンソン川は巾着の口のところで外郭の二重の堀によって短絡された結果、中郭、内郭の堀は川の役目をしなくてもよくなり、19世紀に道路拡張のため、だいぶ埋め立てられてしまった。幸い、写真の前景として堀が欲しいところには、堀は健在だ。城下町の城壁もかなりよく残っている。

79 モン・サン・ミッシェル城郭修道院 [世界遺産]　フランス共和国

Mont Saint-Michel　Normandie

交通	レンヌ駅そばのバスターミナルからバスで約1時間20分。
分類様式	水城、城郭修道院。先史時代からの聖地、966年に修道院創立、のちに城塞化。
人物事件	アヴランシュ司教オベール、ノルマンジー公リシャール、修道院長デストゥートヴィル。

　V字形に入りこんでいる湾の奥、小島に鋭くそそり立つ岩峰を占める。その特異な姿のゆえに、この岩峰は遠い昔から神の降り立つ場として崇められた。

　司教オベールがこの岩峰に大天使ミカエルが降り立った夢を見て、小さな御堂を建立。それが修道院に発展し、戦略上の要地でもあるため城塞化されたのが、モン・サン・ミッシェル（聖ミカエル山）の起源である。

　この城郭修道院は歴代のノルマンジー公から領地の寄進を受け、日本の僧兵にあたる助修士を多数かかえるに至る。

　英仏間の百年戦争では、10年間にわたり海陸からイギリス勢に攻囲されたが、敵の目をかすめて海上から兵糧や援兵を受け入れ、頑として守り通した。

　フランス革命で接収されて牢獄になり、革命反対の立場を取った修道士たちがまず投獄された。ナポレオン3世の時代に歴史的文化財として修復され、現在はまた修道院になっている。

全景。堤道は環境保護のため橋に換える工事がはじまる予定。

跳ね橋、石落しがある王の門。

修道院のゴシック式の中庭。

　城郭の構えがよく残っている箇所として、海沿いの外郭の城壁、跳ね橋や石落しを備えた大手門「王の門」が興味深い。

まず本土側から全景写真を撮ろう。1877年に堤道ができるまで、島は干潮時に現れる砂州だけで本土とつながっていた。修道院はロマネスク式とゴシック式の建築文化財の宝庫。ゴシック式の中庭は見事だ。修道院を出たら、土産物屋が並んでいる参道を下りないで、左手に向かって石段を上がり、外郭の城壁の上を歩こう。最後にまた「王の門」の内側に出る。[世界遺産登録名] モン－サン－ミッシェルとその湾

80 城郭都市エグ・モルト

Aigues-Mortes

フランス共和国

Languedoc-Roussillon

交通 ニームから列車で約40分。バスの便もある。

分類様式 城郭都市。港湾都市、前102年ローマ軍の駐屯地（カストルム）が起源。1240年着工、1280年代に完成。

人物事件 ルイ9世、第6回十字軍、第7回十字軍、百年戦争、ユグノー戦争。

　信仰心が篤く、人格高潔だったことで名高いルイ9世が、十字軍の計画を立てたとき、地中海岸の王領には港らしい港がなかったので、1240年にこの地を買い上げ、新たに港と城郭都市を建設したのが起源。まわりには沼や潟が多かった。エグ・モルトとは、この地方の言葉で「よどんだ水域」という意味。

　王は補助金や免税などの策を使って各地から市民を誘致した。

　そのうち川や海流が運んできた土砂が堆積して（現在の海岸線は6kmのかなた）、エグ・モルトは水路で海とつながるだけになる。また船の大型化が進んだのと、フランス王国がプロヴァンス伯国と合体して良港マルセイユを使えるようになった結果、エグ・モルトは衰微。

　眠りこけたような静かな町になり、13世紀の築城技術の粋を尽くした城壁は、手付かずで今日まで残ったのである。

　城壁の全長は1.6kmで、上をずっと歩ける。塔の上まで登れる箇所もあり、城門や塔の構造がよく分かる。また城でいえばドンジョンにあたるコンスタンス塔も非常に興味深い。

船だまりとコンスタンス塔。

海の門。13世紀の築城術が分かる。その昔の港は野原に。

城壁の塔上から。

まずコンスタンス塔に登り、水路、城壁、町の全容を見わたそう。それから城壁の上を歩く。眺めがすばらしい。城壁のまわりは、いまでも小型船の航行に使われている水路を除き、ブドウ畑や市街地になっている。城壁の東南寄りにある「海の門」は、古絵図によれば城門のすぐ前が港で、帆船が群れているが、いまは野の花が乱れ咲く原っぱである。

81 城郭都市カルカソンヌ 世界遺産

Carcassonne

フランス共和国
Languedoc-Roussillon

交通	トゥールーズから列車で約45分。カルカソンヌ駅前からバスの便あり。
分類様式	城郭都市。城壁とカルカソンヌ伯城、平城、ローマ時代に発足、13世紀に大増築。
人物事件	アルビジョワ十字軍、ルイ9世、フィリップ3世、メリメ、ヴィオレ・ル・デューク。

オード川に臨む台地の先端を占め、三方を谷に囲まれ、残る東側は空堀で仕切られている。

前2世紀にローマ人が城塞町を造ったのが起源。現存している内城壁は、ローマ時代の城壁を西ゴート王国の時代に修復し、さらに13世紀に増強したもの。外城壁も13世紀に付加された。

西側にはカルカソンヌ伯城がそびえる。10世紀頃にできて、その後たびたび増強された。現在は城郭博物館になっている。

内城壁は29の、外城壁は17の塔を備え、伯城ともども保存状態がすばらしく、ヨーロッパでも有数の偉観を呈している。

地形的に最も弱点にあたる東側には、それだけで独立した城のようなナルボンヌ門がある。西側には谷の急傾斜を活用したオード門があり、谷底の水場を守っていた城壁も見られる。

これらの貴重な文化財は、一時は無用の長物と考えられ、崩壊の危険があるため、取り壊す案が出た。それが歴史的文化財総監だったメリメや郷土史家の尽力により、国費で完全に修復保存されるに至ったのである。城壁内の旧市街も趣が深い。

伯城（中央）の左右に内外城壁が続く。

ナルボンヌ門と内城壁、外城壁。

内城壁の塔上から伯城とオード門（右端）を見る。

まずナルボンヌ門を見てから、旧市街を通り抜け、伯城へ。入城する前に伯城の全景と、城壁や塔に再現されている木造の張り出し歩廊を撮っておこう。城内に続いて、内城壁の上を4分の1周できる。そのあと内外城壁のあいだを1周すると、絶好の撮影スポットが多い。そしてオード門を出て坂道を下り、オード川の橋上から、内外城壁と伯城の全容を眺めよう。**世界遺産登録名** 歴史的城塞都市カルカソンヌ

82 ババ・ヴィダ城
Baba Vida Fortress

ブルガリア共和国
Vidin

交通	ソフィアからヴィディンまで列車で約5時間。駅前から徒歩10分ほど。
分類様式	平城、城郭。10世紀に築城、破壊されたあと14世紀に大増築。
人物事件	第二ブルガリア帝国の皇帝イヴァン・スラツィミール、ニコポリスの戦い。

ドナウ川に臨む堅固無類の城。ローマ時代ドナウ川のかなたはローマ人がいうところの「蛮族」の地だった。その動静を監視するためローマ軍が設けた石造の塔の跡に、10世紀、第一ブルガリア帝国の時代にできた城が起源。その後この城は破壊され、14世紀の後半、第二ブルガリア帝国の皇帝イヴァン・スラツィミールが大規模な増築を行い、現在の城を完成させた。

一辺70mの方形で、ドナウ川に直結した堀で囲まれ、内外二重の城壁を持ち、外城壁には2基、内城壁には9基の堅固な角塔が並び立つ。城門はただ一つで、長い橋で堀を渡り、さらに跳ね橋を渡るあいだ、城兵の集中射撃にさらされる仕組みだった。いまでは堀は半ば埋もれ、跳ね橋はなくなっている。内城壁の防備も厳重を極める。大砲の発達に合わせて、内側には石材がびっしり積み上げられ、屋上には煉瓦造りの堡塁が追加された。塔の屋根が瓦葺なのも東欧独特の様式である。

オスマン・トルコの時代には、武器庫と牢獄になっていた。

堀を隔てて外城壁と内城壁を見る。

唯一の城門。城壁にぶつかって右折。

内城壁の屋上に煉瓦造りの堡塁を追加。

外城壁から内城壁のなかへ。

保存状態は完璧で、驚嘆に値する。どこからカメラを向けても絵になる。現在は城郭博物館になっており、実物大の人形を使った展示もある。城門がただ一つである代わりに、秘密の地下トンネルによる出入口が設けられていた。外部との連絡とか、イザというときの脱出に使うためだ。

ロワールの古城を旅する

小池寿子（西洋美術史・國學院大学文学部教授）

「フランスの庭」として愛されるロワール川流域は、その名のとおり、穏やかに澄みわたる大気に草木の香りが広がる地域だ。武勲詩の時代にはすでに「旨し国」とも呼ばれたフランスは、美味なる産物に恵まれた健やかな国土をもつ。しかしロワールの魅力は、風光明媚といった美辞麗句では語りつくせない歴史の積み重なりにある。

近代芸術の中心地フランスが文化大国として世界に認知されるには、1981年にミッテラン大統領が提唱した「グラン・ルーヴル計画」が大きく作用している。1546年の国王フランソワ1世による改造以来、増改築を繰り返してきたルーヴル宮殿の最終的な大改造計画を打ち出したのである。実に息の長い文化政策が、フランスの威信に繋がっている。

しかしそのフランソワ1世の時代まで、フランスはとても小さな国であった。ルーヴルが天守塔を頂く城塞として建造された1190年頃のフィリップ尊厳王の時代には、セーヌ河の中洲を中心としたパリとその近郊、すなわちイル＝ド＝フランスだけが「フランス」であった。それからフランソワの時代まで、ルーヴルは少し改造されただけで、ことに英仏間の百年戦争（1337〜1453年）の間には、イングランドとそれに加担したブルゴーニュ公の軍隊によってパリが占領される事態もあり、小さなフランスは、空前絶後の窮地に陥っていた。実は、私が長年研究している「死の舞踏」という死者と生者の舞踏行列図は、ちょうどこの時期のパリに誕生した。

さて、ロワールの北部は英仏間の通路をなすのに加え、上流には有力なブロワ伯家、下流にはアンジュー伯家が居を構えたこの庭は、耐えざる戦闘の場となり、多くの城砦が築かれていった。一方、豊かな森林での狩猟、なだらかな丘陵の産み出す上質の葡萄酒、という貴族たちにとって極上の楽しみがそこにはあった。

やがて城々を我がものとした王族は、時勢に応じて移り住み、移動宮廷の形式を整えていったのだが、わけても執心し、文化の中心地であったイタリアに追随するフランス文化揺籃の地に仕立て上げたのは、ルーヴル改造を企てたフランソワ1世であった。そもそもフランスは、小さな国を脱そうとイタリアへ向かっていた。シャルル8世は1494年、イタリア遠征を企て、北イタリアからナポリにまで侵攻し、刺繍職人、香水づくり、金銀細工師、アラバスター職人、指物師、オルガン職人、彫刻師、庭師、建築家など22人もの芸術家を伴って帰国。ついでルイ12世は、ミラノ公国に対して自らの統治権を主張し、イタリアの豪奢にとりわけ敏感な取り巻き貴族らが、芸術擁護の活動を開始する。そしてイタリア征服の夢に燃えたフランソワ1世は1515年、ミラノに進軍し、神聖ローマ帝国軍（カール5世、スペイン国王カルロス1世）に大敗を喫するもののパリに帰還すると、イタリア・ルネサンス様式を導入してロワールの

シュノンソー城

城塞を城館へと改造しながら、フランス宮廷文化の基礎を固めるのである。その後、王の関心はパリ南東のフォンテーヌブロー宮殿に移る。とはいえ、アンボワーズ城にダ・ヴィンチが招聘されたのちも、ロワール流域の城館がこの時期に果たした文化的政治的役割は極めて大きい。

さて、ロワール流域の城館めぐりは、パリから数日間のツアーもあるが、むしろ、古代ローマ以来の要衝の古都トゥールから始めたい。まず下流の支流ヴィエンヌ川には、ジャンヌ・ダルクが王太子時代のシャルル7世に謁見して百年戦争を勝利に導くことになったシノン城が威容を残している。文豪バルザックが「ダイヤモンド」と形容したアゼ・ド・リドー城をはじめ伝説を残す美しい城の数々があるが、文化的政治的に重要な城に限るなら、上流へと進んだアンボワーズ城を訪れたい。シャルル8世が大改築したこの中世の城塞は、フランソワ1世の時代に「豪華城」と呼ばれ、政治の中心となったばかりでなく、ダ・ヴィンチはこの近くのクロ・リュッセを終の棲家としたのだった。そこから南に下ると、支流シェール川に、シュノンソー城が「白い腕」と喩えられる優美な姿を水面に映している。アンリ2世の妻カトリーヌ・ド・メディシスと愛妾ディアーヌ・ド・ポワティエとの愛憎劇の舞台となったこの城は、優れたその架橋技術と「六人の女性の城」の異名によって、自らがロワールの伝説と化したのだった。

最大級のシャンボール城の手前、ロワール河を見下ろすように立つブロワ城も忘れてはならない。アンボワーズ城についで宮廷がおかれ、アンリ4世がルーヴルに宮廷を移すまでの100年もの間、政治の中心となり、カトリーヌによるプロテスタント弾圧の犠牲者たち、すなわちギーズ三兄弟惨殺の舞台となった城である。ロワールの城の数々が、それぞれの悲惨な歴史を秘めながら楚々とした姿を残し、私たちをはるかな過去へと誘ってくれるのは、何より「時」が人間の罪と穢れを流し清めてくれるからであろう。

実はこのブロワ城の近くに、サン・サトゥルナンという名の墓地がある。フランソワ1世の時代に建てられたこの墓地の回廊の柱頭には「死の舞踏」が彫られ、今でも教皇、司教ら数人が死者に誘われて死に行く姿が残り、骨や墓掘シャベルに混じってフランソワ1世の紋章サラマンダーが刻まれている。陰謀、殺戮、戦闘が日常茶飯事であった往時、フランソワの胸にも、誰にも等しく訪れる死の想念が去来したであろう。ロワールの澄んだ大気の中できりりと冷えた白ワインを飲みながら、あまたの生死が築き上げた幾多の城の命運に思いを馳せるのも、極上の旅の楽しみである。

シャンボール城

ブロワ城

83 ニャスヴィシュ城 世界遺産

Nesvizh

ベラルーシ共和国

Mir

交通	ベラルーシ南西部、首都ミンスクから車で約2時間。
分類様式	平城、城郭。15世紀末から16世紀初頭に築城、たびたび増改築、ゴシック式、ルネサンス式、バロック式が混在。
人物事件	アントン・ヴィルヘルム・ラジヴィウ、マリー・ド・カステラーヌ。

15世紀末から16世紀初めにかけて、ゴシック式の城として建設された。1568年に城はリトアニア大公国最大の貴族ラジヴィウ家の手に移り、大改築されて、ほぼ現在のような姿をしたルネサンス式の城になった。その後も部分的な改築が行われ、18世紀バロック式の要素も加わった。

赤煉瓦による方形の城で、四隅と城門上には巨大な塔がそびえる。六角形を組み合わせ、その上にさまざまな様式の屋根や装飾部分をのせた堂々たる塔だ。この城はその後ずっとロシアや中欧で城郭建築の手本になった。

リトアニア大公国は結局はロシアに併合され、ラジヴィウ家もロシアの大貴族になる。そしてナポレオンのモスクワ遠征のとき、城はひどく損傷した。

それを1881年から86年にかけて見事に修復したのが、ラジヴィウ家の当主アントン・ヴィルヘルムと、フランス人の妻マリー・ド・カステラーヌである。広大な庭園もまた、当時流行のイギリス式自然風景庭園として整備され、いまもなおこの種の庭園としてはヨーロッパ有数の規模を誇っている。

後世の稜堡と居館の向こうに六角形の塔が見える。

城下の村には果樹園を持つ古風な民家が並ぶ。

城とつながるキリスト聖体教会も見もの。なお、城内にあった美術品や古文書などは散逸したままである。

世界遺産登録名 ニャスヴィシュのラジヴィウ家の建築、住居、文化的複合体

84 ディナン城

Citadelle de Dinant

ベルギー王国

Dinant

交通	ナミュールから列車で約30分。ディナン駅から徒歩で数分。
分類様式	平山城、要塞。1051年に築城、完全破壊後、1523年に再建、また完全破壊後、1821年に近代要塞完成。
人物事件	ブルゴーニュのフィリップ善良公、ルイ14世、第一次大戦、第二次大戦。

　ムーズ川とディナンの町を前にして、屛風のように切り立った岩山の上に位置している。川から岩山の頂上までの高さは100mに及ぶ。

　ディナンはムーズ川に沿って細長くのびている町だ。古来ムーズ川の流れを利用した水車を動力源に手工業が盛んで、ことに銅・真鍮製品の加工については天下一品といわれた。

　また、p.52で述べたように、ムーズ川は北フランスとネーデルランドや北ドイツを結ぶ至便な交通・運輸路であり、ディナンの岩山はその喉首を押さえる要衝であった。

　以上二つの理由があいまって、ディナンの町、そしてこの岩山の上の城は、史上たびたび争奪戦の的になり、城は徹底的な破壊と再建が繰り返された。

　1466年ブルゴーニュ公による攻撃と城の破壊、リエージュの司教領主による城の再建、フランスのアンリ2世、さらにはルイ14世の軍による破壊などが続く。そしてウィーン会議の結果ベルギーを領土に加えたオランダが、1820年代に岩山の上に構築した近代要塞が現存している。

　第一次、第二次の世界大戦でもディナンの町は惨禍をこうむったが、いまでは要塞は町の歴史や武器の発達史の博物館になっている。

ムーズ川、ディナンの町、そして岩山の要塞。

全景写真を撮るには、ムーズ川の橋の上、あるいはムーズ川の対岸からがよい。要塞へ上がるには、ねぎ坊主のようなドームがついている教会の向こうから、道標を頼りに少し歩くと、ロープウェーの駅がある。ロープウェーの終点からでも、要塞のてっぺんまではきつい登り。その代わり見晴らしがすばらしい。

85 フランドル伯城 (ヘント)
Gravensteen

ベルギー王国

Ghent

交通	ブリュッセル中央駅から約35分。シント・ピエタース駅から町の中心にトラムが走っている。コーレン・マルクトで下車、ここから歩いてすぐ。
分類様式	平城、城郭。9世紀中頃の砦跡に、1180年にできた城が起源、14世紀から城としては使われなくなり、20世紀初めに修復。
人物事件	フランドル伯ボードワン、同じくフィリップ・ダルザス。

川面に姿を映じる民家。

ヘント市内にあり、リエフェ川と堀に囲まれている（現在は堀だった部分は緑地）。ある意味では水城だといえるだろう。

9世紀の中頃、バイキングの襲撃を防ぐために、フランドル伯ボードワンが木造の砦を造ったのが起源。それが荒廃に帰したあと、1180年にフランドル伯フィリップ・ダルザスが堅固な石造の城として築きなおした。

彼は第2回十字軍に参加し、当時の西ヨーロッパよりはるかにすぐれていたイスラム圏の築城術に感心。その長所をこの城に取り入れた。

外郭の城壁の塔を敵に奪われると、内郭攻撃の足場にされて不利だ。それを防止するため、塔を半円形にし、内側をオープンで無防備のままにしておく工夫も見られる。それでも城壁に取りついてくる敵に対し、横矢を射かけるには充分だった。

堀の跡と外郭の城壁。

14世紀頃から城としては使われなくなり、雑多な目的に使われてすっかり荒れていたのを、20世紀初めに完全修復が成った。外郭の城壁、堅固な内郭の内部、ドンジョン、ゴシック式の地階の厨などが興味深い。

城壁上の便所は希少な残存例。

城壁の上からは、川面に姿を映じるフランドル風の民家の家並みが美しい。城郭愛好派にはぜひ見てもらいたいものがある。他の城には残存例が極めて少ない。それは城壁の縁から張り出すような形で設けられている便所。モノが落ち行く先は堀の水とか、空堀の草地とか、岩の斜面とかだった。ここでは堀の水である。いずれにせよ、あとは自然の浄化作用に任された。

86 マルボルク城 世界遺産　　　ポーランド共和国
Ordensburg Marienburg　　　Malbork

|交通| グダンスク中央駅からマルボルクまで列車で約50分。駅から徒歩。|
|分類様式| 平城、城郭。1274年に着工、1380年代に完成、ゴシック式、ドイツ騎士団の城、のち王城。|
|人物事件| 騎士団総長ウルリッヒ・フォン・ユルギンゲン。|

　バルト海につながるノガト川に臨み、水陸交通の要地だ。ドイツ騎士団がバルト海南岸方面に進出するための本拠として築き、増築を重ねて1380年代に現在のような姿になった。p.46でも述べたように、ドイツ騎士団は十字軍のときに聖地で結成された武装修道士会で、騎士たちは一方では誓願を立てた修道士であると同時に、他方では勇猛な戦士でもあった。

　この地方では石材が乏しいため、城、教会、市役所、商館などの大建築は煉瓦造りにするのが例であったが、この城もそうで、ゴシック式煉瓦造りの城としてはヨーロッパ最大だ。

　三重の郭から成り、ノガト川に臨む最初の双塔式の大手門は、のちに内側から煉瓦を積んで閉鎖された（全景写真参照）。武装修道士会の城という特殊性から、中郭には城塞化された大聖堂と、ベルクフリートの役を兼ねる角塔形の鐘楼がそびえる。そして外郭から中郭をへて内部に至るまで、防備は厳重を極める。前大戦で大破したあと、昔どおりに修復された。

跳ね橋を備えた内郭の門から中郭を見る。

ノガト川と城の全景。

巧みに城塞化された大聖堂。

　マルボルクとは「聖母マリアの城」という意味。ドイツ騎士団からポーランド王国へ、さらにプロイセン王国、ドイツ帝国などをへて、戦後にまたポーランド共和国が城の主になったため、城内での歴史の説明はいささか複雑だ。第二次大戦でひどく損傷したときの写真が、城内に展示されている。 世界遺産登録名　マルボルクのドイツ騎士団の城

87 サン・ジョルジェ城

ポルトガル共和国
Castelo de São Jorge
Lisboa

交通	リスボン市内のバス37番でカステロ下車。徒歩ですぐ。
分類様式	平山城、城郭。5世紀に西ゴート人が築城、9世紀にモーロ人が再建、1147年以降ポルトガル王が増改築。
人物事件	アフォンソ・エンリケス、国土回復戦争。

現在のリスボンの中心部はバイシャ（低地）と呼ばれる地域だが、その東側に広がる高台の西北部をこの城が占めている。

ここはフェニキア人やローマ人の時代から町があったところで、西ゴート人がそれを受け継ぎ、築城したのが起源。のちにムーア人が城を再建した。

ムーア人と戦いながら国土回復戦争を進めてきたアフォンソ・エンリケスが、1147年にこの城を奪取。ムーア人の反攻に備えて増改築し、ほぼ現在のような威容が完成した。

外郭と内郭から成り、合計10基の巨大な角塔が堅固な城壁で結ばれていて、城壁の上を歩くことができる。16世紀以降、王宮が別の場所に移り、この城は使われなくなったためだいぶ荒れているが、それだけにいっそう、「つわものどもが夢の跡」という感慨が胸に迫る。

通常の観光では、広い外郭の西南端にあるテラスに出て全市を眺めわたすだけなので、城を訪ねているという気がしない。この付近は公園化されており、内郭は見えない。城郭愛好派は内郭まで行く必要がある。

西北側から城を遠望する。

内郭の入口。

城壁の巡警歩廊。

前郭を通り抜けて内郭に入ると、城壁に石段がついていて、巡警歩廊や塔の上に登れる。城の全景を撮るには、バイシャ地区の西北側、つまり城とは反対側にある市街地の高台からがよい。バイシャ地区は要するに広い谷間なので、その谷間を隔てて、かなたに城が全容を現している。

88 ドス・ムーロス城 (シントラ) 世界遺産　　ポルトガル共和国
Castelo dos Mouros　　Sintra

交通	シントラ駅からシントラ・ヴィラ地域、ドス・ムーロス、宮殿、シントラ・ヴィラ地域、シントラ駅までの循環バスがある。
分類様式	山城、城郭。8世紀にムーア人が築城、イスラム様式。
人物事件	ムーア人の侵入、国土回復戦争。

岩山の峰から峰へと地形にしたがって城壁が続き、途中にいくつもの塔があり、兵士宿舎の跡がある。再征服後には放棄され、イスラム様式のまま今日まで残った。もっぱら戦闘用であって、平時には不便極まりなかったろうと思われる。

山上にドス・ムーロス城が見える。

89 城郭都市オビドス　　ポルトガル共和国
Pousada de Óbidos　　Leiria

交通	リスボンからオビドス駅まで列車で約2時間30分。城郭内の市街まで徒歩で20分ほど。
分類様式	城郭都市。8世紀にムーア人が築城。イスラム様式。
人物事件	アフォンソ・エンリケス、ディニス1世、王妃イザベル。

1282年ディニス1世が若い王妃イザベルを連れて当地に来たとき、この町がたいへんイザベルの気に入ったので、王はこの町を彼女に贈った。いらい歴代の王は妃にこの町を贈るのが伝統になった。

都市城壁も城もほぼ完全な姿で残っており、城壁内の旧市街は古風な白壁の家々に窓辺の花が色映えて、絵のように美しい。

オビドスの全景。

城壁の上から町と城を眺める。

オビドスの城はポウザーダ（歴史的建造物を利用した国営ホテル）になっている。城の下から都市城壁の門外に出て、城を背後から見上げるとよい。また城の前に戻り、都市城壁の山側の上に出て巡警歩廊を歩くと、眺めがすばらしい。

88 世界遺産登録名　シントラの文化的景観（ドス・ムーロス城）

90 城郭都市ヴァレッタ [世界遺産]
Valletta
マルタ共和国
Malta

交通	ヴァレッタ市内はバスの利用か徒歩。
分類様式	城郭都市。水城、稜堡式、16世紀に建設。
人物事件	皇帝カール5世、聖ヨハネ騎士団総長ヴァレッタ、オスマン・トルコ軍による攻囲。

前記のように（p.58参照）オスマン・トルコに敗れてロードス島から落ちてきた聖ヨハネ騎士団は、1530年にカール5世からマルタ島を与えられ、大急ぎで城塞群の構築にとりかかる。宿敵オスマン・トルコの来攻は目に見えていたからだ。

十字軍いらい、常にキリスト教徒側の最前線にあってイスラム勢と戦ってきた騎士団に対し、ヨーロッパ各国の王侯は領地の寄進を惜しまなかったから、騎士団の資金は豊富だった。

1565年、3万5000にのぼるトルコ軍が来攻。騎士団側は騎士、従士あわせて550、スペインの援兵2000、地元マルタの民兵6000という劣勢だった。

トルコ軍は得意の大砲をずらりと並べて城壁の破壊を狙う。まだ炸裂弾はなく、鉄弾をブチ当てるだけだったが、トルコ軍の物量作戦で城壁は見る見るうちに壊される。騎士団側は徹夜でそれを補修し続けた。

攻囲5か月におよび、指揮にあたる騎士のほとんどが死傷。あと

聖天使城塞。

天然の岩盤を掘削した稜堡。

数日もつか、というときスペインの援軍8000が到着して、トルコ軍は撤退した。

騎士団総長ヴァレッタは既存の城塞群の防衛力が不備なことを痛感。港の中央に突き出ている高台状の岩の岬に、新たに堅固無類の城郭都市を造り、既存の城塞群でまわりを固めるという策を立て、早速と実行した。

城郭都市は彼の没後に完成。この勇将を永遠に記念すべく、ヴァレッタの名が冠せられた。

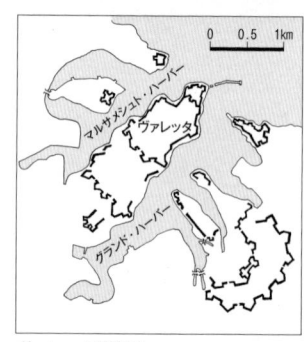

ヴァレッタ見取図。

稜堡式城郭の常として、ヴァレッタも付随城塞群もなかなか写真には収まらない。大砲による攻撃に備えて、重厚長大、のっぺらぼうで、取り付く島がないという感じだからだ。ヴァレッタの陸側正面にある巨大な稜堡と城門、岬の先端にある聖エルモ城塞、港の対岸にある聖天使城塞などが、比較的に写真向きだといえよう。**世界遺産登録名** ヴァレッタ市街

91 城郭都市リガ 世界遺産

Ríga

ラトビア共和国

Ríga

ダウガワ川に臨み尖塔が並び立つリガ旧市街。

交通	リガへは、北欧諸国から長距離バスを利用。市内はトラムやバスで移動。
分類様式	城郭都市。13世紀に都市城壁、17世紀に稜堡式城壁、平城、水城、一部が現存。
人物事件	司教アルベルト、剣兄弟団、ハンザ同盟。

リガの旧市街は13世紀に築かれた城壁を擁する城郭都市だった。城壁は一部残っているだけだが、旧市街は昔のままの姿で残っており、リガ歴史地区として世界遺産に登録されている。

城郭都市を造ったのは、1200年にこの地に上陸した十字軍だ。なぜここへ十字軍が来たのか。

当時この地方の住民リーヴ人はまだキリスト教化されておらず、先祖伝来の異教を信仰していた。それで布教を名目に、実はリーヴ人の土地を奪うことを狙って、北ドイツで組織された十字軍が来たのだ。

その正体は剣兄弟団という武装集団。帯剣騎士団と訳されることもあるが、ヨーロッパでは騎士団扱いはされていない。聖ヨハネ騎士団やドイツ騎士団などは資格審査が厳しく、生粋の騎士でないと入団させなかったのに対し、剣兄弟団はだれでも受け入れたから、あらゆる階層の食い詰め者や、ごろつきの集まりだった。人的、財政的な基盤も弱かった

彼らは布教に名をかりて土地を強奪し、リーヴ人の憎悪の的になる。そしてリーヴ人の反撃に敗れ、強力なドイツ騎士団の配下に入って存続をはかった。

旧市街の城壁は北側にごく一部残っている。そこにスウェーデン門という城門もある。25あった城門の一つ。上に民家が乗

剣兄弟団のリガ城。
© Chancery of the President of the Republic of Latvia

っているのは、城壁が無用になったときに払い下げられ、城壁に半ば乗る形で民家ができたからだ。堅固な城壁におんぶする形だと建築費が安くついた。すぐ近くに火薬庫として使われていた重厚な大円塔がある。

もとの城壁の外に剣兄弟団のリガ城があり、大統領官邸と三つの博物館になっている。

リガ旧市街を見たあと、城郭愛好派におすすめしたいのは、リガの北東52kmのシグルダにあるトライダ城。公共の乗物利用だとリガからの日帰りの旅は1日仕事だが、すばらしい城だ。緑の森に囲まれた高台にある赤煉瓦造りの13世紀の城で、高さ42mの大円塔を含む内郭が忠実に修復・再現されており、写真に絶好。13世紀の築城の手法が分かって、興味深い。 世界遺産登録名 リガ歴史地区

92 城郭都市ヴィリニュス 世界遺産　リトアニア共和国
Vilnius　Vilnius

交通	ヴィリニュス駅から500mほどで旧市街。徒歩で観光できる。
分類様式	城郭都市。13世紀にゲディミナス城と都市城壁、16世紀に「下の城」、17世紀に大砲用の堡塁。
人物事件	リトアニアのゲディミナス大公。

　p.110でも述べたリトアニア大公国は、中世にはバルト海南岸方面きっての強国で、全盛時代にはその領土は遠くウクライナに及び、黒海に達していた。

　ヴィリニュスはそのリトアニアのゲディミナス大公が、13世紀に建設した城郭都市。大公の居城はゲディミナス城と呼ばれ、旧市街北東隅の丘の上にあった。別名は「上の城」。16世紀に丘の麓に「下の城」が追加されたからだ。

　ゲディミナス城は二重の城壁を備えた堅城であったが、後世の戦乱で破壊され、西端の隅塔だけが残っていて、ゲディミナス塔と呼ばれている。塔上からは旧市街が一望のもとだ。

　旧市街を囲んでいた城壁も戦乱で破壊されたが、九つあった城門のうちの南門「暁の門」だけが、後世に改築されて残っており、ルネサンス式である。大聖堂の前にある鐘楼はその昔の城壁の塔で、高さが53mもある。城壁の東南隅の近くには、17世紀に追加された大砲用の大きな堡塁が残っている。馬蹄形の重厚な造りだ。

城壁の「暁の門」。

旧市街からゲディミナス塔を仰ぐ。　　世界遺産に指定されている旧市街。

　城郭愛好派は、ヴィリニュスを見たあと、西方27kmにあるトラカイ城をぜひ訪ねよう。ヴィリニュスからバスの便がある。湖上の島にある赤煉瓦造りの城で、まわりの緑とともに湖水に映えて、絵のように美しい。14世紀後半にドイツ騎士団の侵攻を防ぐために築かれ、いったん荒廃したあと、戦後に完全修復された。世界遺産登録名　ヴィルニュスの歴史地区

93 ファドゥーツ城
Schloss Vaduz

リヒテンシュタイン公国

Vaduz

交通	チューリヒからサルガンスまで列車で約1時間。そこからバスに乗り換えて約30分。町の中心から徒歩20ほど。
分類様式	山城、城郭。13世紀に築城、16世紀に再建、現リヒテンシュタイン侯爵家の居城。
人物事件	先代侯爵フランツ・ヨーゼフ2世、現侯爵ハンス・アーダム2世。

ファドゥーツの町の背後、アルプス連峰の支脈の中腹に位置する。13世紀に築かれ、1499年のシュヴァーベン戦争で全壊したあと、16世紀に再建され、大砲の発達に対応すべく、巨大な円形稜堡が付加された。

現侯爵家はもともとハプスブルク家の封臣であり、ハプスブルク家の領内に広大な領地を持っていた。それが、封臣よりは格が上で、独立の領邦君主だったホーエンエムス家が財政破綻して国土を売りに出したのを買い取り、1712年にこの侯国の君主になったのである。

城は非公開であり、観光バスは近くまで行くことも自粛する慣わしだ。徒歩あるいは車なら城の前まで行ける。先代侯爵の即位40周年祝賀の際、筆者は招待されて城内を見る機会を得たが、昔の城郭の姿をそっくり保存し、室内は簡素なままで、小国君主の公私の生活に適合させてあるという感じを受けた。

歴代の侯爵は絵画の収集に熱心

ファドゥーツ城とアルプスの峰。

城の前の牧草地から。

大手門の前にある小円形稜堡。

で、ファドゥーツ市内の国立美術館に展示されているほか、城内の地下にハイテクを駆使した名画保管庫がある。

まず町の中心にある広場から見上げて、城の全景写真を。ただしここからではアルプスの峰は入らない。次に、つづら折りの急坂を登って城の前へ。途中、緑樹のすき間からスイス側のアルプスが見える。城の前の牧草地では、毎年8月15日の聖母被昇天節に侯爵家の園遊会があり、だれでも自由に参加できる。侯爵や侯妃に写真に入ってもらうこともできる。

94 コルヴィネシティロル城 (フネドアラ)

Castelul Corvinestilor

ルーマニア / Hunedoara

交通	ブカレストの西北約380km。
分類様式	平城、城郭。14世紀に築城、16世紀まで増改築、ゴシック式とルネサンス式。
人物事件	ヤンク・デ・フネドアラ。

　ルーマニアの西北部はトランシルバニアと呼ばれ、第一次大戦まではハンガリー王国の支配下にあって、ドイツ系の移民も多かった。同じく西南部は中世・近世にはワラキア侯国の領域で、キリスト教（ギリシャ正教）国でありながら、政治・軍事上の理由から、やむをえずオスマン・トルコに服属していた。以上の勢力範囲は時代とともに変遷した。

　この城も後述のブラン城も、このような歴史的背景のなかで見ると興味深い。この城は14世紀に発足。15世紀にヤンク・デ・フネドアラにより、大砲の進歩をふくむ当時の最新の軍事技術に応じて、大規模に増築された。彼はハンガリー王としてのハプスブルク家を助けた大諸侯で、ゴシック式が取り入れられている。

　さらにのちの増築部分はルネサンス式、一部はバロック式になっており、この城がへてきた長い歴史を物語っている。ルーマニアの城郭建築史を代表する文化財だ。城内には16世紀にできたギリシャ正教の聖堂もある。

谷川を隔てて城を眺める。

中庭を囲む外階段と列柱廊。
東欧有数のゴシック建築でもある。

　岩の台地を利用してあり、深い空堀で仕切られている。どの方向から眺めても威風堂々という趣のある城だ。城内では中庭を囲むルネサンス式の外階段や列柱廊、深井戸、見事なゴシック式の騎士の大広間、侯妃の間、家具調度などが見もの。

95 ブラン城　ルーマニア
Bran Castle　Bran

交通 ブカレストから北へ約166kmのブラショフまで列車で3時間ほど。アウトガラ2のバスターミナルからブラン城行きのバスで、約45分。

分類様式 山城、城郭。1211年から1225年に築城、1378年以降に増改築。

人物事件 ドイツ騎士団、ルーマニア女王マリア、ドミニク・フォン・ハプスブルク氏。

　カルパチア山脈越えの峠道を押さえる要地にあり、高さ60mの岩の高台を占める堅固な城。

　13世紀にできたドイツ騎士団の城が起源だが、1378年以降に全面的に増改築された。

　吸血鬼ドラキュラの城として有名だが、史実とは無関係。これはアイルランドの作家ストーカーが19世紀末に創作した架空の物語に過ぎない。

　物語の主人公にされたのは15世紀に実在したワラキア侯ヴラド・ツェペシュ。この国の歴史ではオスマン・トルコの抑圧に抵抗した国民的英雄だ。

　この城は地元ブラショフ市が所有していたが、1920年に女王マリアに贈られた。彼女はイギリス王族の出で、ルーマニア王フェルディナンド1世の王太子時代にお輿入れしてきて、やがて王妃、のち女王になった人物。民族文化を愛好し、この国の発展のためにも大いに尽力し、この城の内部を城館に改装した。

ブラン城の全景。最上部は20世紀の改装。

大手門に相当する正面入口。

　いまでは王家の子孫ドミニク・フォン・ハプスブルク氏が城主で、一般公開を続けるとともに、青少年のための歴史教育の場とする計画を進めている。

城郭愛好派はまず下から全景写真を撮ろう。大手門に相当する正面入口から中庭のあたりにかけては、古城の風格がよく残っていて、写真に好適だ。内部は城館に改装されてしまっている。ドラキュラの物語は、この国では迷惑千万な話と受け止められており、現在の城主も同じ意向で、城内にその誤りを正すための資料室がある。

96 ヴィアンデン城
Vianden Castle

ルクセンブルク大公国
Vianden

半ば修復が成った城の全景。

交通	ルクセンブルク駅よりエテルブルック駅まで列車で約30分。そこからバスで約30分。
分類様式	山城、城郭。11世紀に築城、のち増改築、山城、ロマネスク式とゴシック式が混在。
人物事件	ヴィアンデン伯家、オレンジ・ナッサウ家（オランダ王家）、ヴィクトル・ユゴー。

城内は18世紀末の姿に。

ヴィアンデン（土地の人はヴィアンダンという）の町のすぐ背後、小高い山の上にある。

9世紀カロリング時代の砦跡に、ヴィアンデン伯家が11世紀に築き、12世紀から13世紀前半にかけて大増築。のちオレンジ・ナッサウ家（オランダ王家）が受け継いだ。

1820年にオランダ王ウィレム1世が売りに出した結果、屋根は外され、豪華だった内装はばらばらにされて売られてしまい、石造の部分を残すだけの変わり果てた姿になる。

1977年ルクセンブルクのジャン大公の尽力で国有になり、修復を開始。いまでは外郭を除いて、城は内外ともに見事に18世紀末の盛観を取り戻した。

城内は地上3階、地下1階から成り、番号で示されている見学コースは、迷路のような通路、らせん階段、テラスをつないで続く。新旧二つの厨房、豪壮な騎士の大広間、カロリング時代の十角形の基礎部分を活用した礼拝堂などが見もの。テラスからは城下の町と、まわりの山野の眺めがすばらしい。

小さなヴィアンデンの町を貫流するウール川の橋の上から、城を見上げる情景が一つの撮影スポット。川沿いに少し下ると、山上の見晴台まで登るチェアリフトがある。城から直接ここまで、歩いて登ることもできる。見晴台からは城の全景、ヴィアンデンの町、町を囲んでいる城壁、緑美しいウール川の谷が眼下に広がる。

97 城郭都市ルクセンブルク 世界遺産
Stadt Luxemburg

ルクセンブルク大公国
Luxemburg

交通	ストラスブールから列車で約2時間10分。ブリュッセルからは約2時間40分。
分類様式	城郭都市。10世紀に築城、16世紀に稜堡式城壁、18世紀に膨大な地下道堡塁を備えた都市城壁が完成。
人物事件	ルクセンブルク伯シージュフロワ、皇帝カール5世、ルイ14世、ヴォーバン。

　ルクセンブルク大公国は面積2586km²。神奈川県より少し大きいぐらいの国だ。首都の市名もルクセンブルクという。

　ルクセンブルク市は砂岩でできている高台を占め、曲流するアルゼット川と支流ペトリュッス川の深い浸食谷に囲まれて、天然の大城塞という観がある。

　10世紀にルクセンブルク伯シージュフロワがこの地を自領に加え、城と城郭都市を築いたのが起源。その後、都市城壁は再度にわたり拡張された。

　15世紀にブルゴーニュ公領になり、のち相続でハプスブルク家の手に渡る。同家出身の皇帝カール5世は16世紀後半に、最新流行の稜堡式城壁で外周を固め、防備を強化した。が、17世紀にはフランスに攻略され、名築城家ヴォーバンがいっそう進んだ稜堡式城壁で防備を増強した。

　18世紀にはオーストリアの手に渡り、フランス語でカズマット、英語ではケイスメイトと呼ばれる地下道堡塁が、全面にわたって構築された。

　ナポレオン戦後のウィーン会議で、列強の緩衝国としてルクセンブルク大公国が設立され、永世中立国となる。膨大な防備施設はだいぶ取り壊されたが、上が市街地になっていて取り壊わせない箇所も多く、城郭愛好派には必見の場所となっている。

中世城壁のトロワ・トゥール門（右上）と近世城郭の遺構。

右上にボックへの陸橋、左へ断崖に近代城郭と地下道堡塁の遺構が続く。

旧市街の東端に近いマルシェ広場が出発点。この広場から北へ行くと、中世城壁のファッファンタール門、トロワ・トゥール（三塔）門などがよく残っている。広場から東へ行くと、陸橋を渡ってボックという高台があり、中世いらい何回も築城と破壊が繰り返された要害だ。広場から南へ行くと、断崖の縁に近代城郭と地下道堡塁の遺構が延々と続く。眺めも絶好。**世界遺産登録名** ルクセンブルク市：その古い街並みと要塞群

98 カザンのクレムリン 世界遺産

Kazan Kremlin

ロシア連邦

Kazan

交通	モスクワから東へ約750km。列車で13時間ほど。
分類様式	平城、クレムリン。古い城郭の跡に、16世紀後半に築城、のちに大拡張。
人物事件	イヴァン4世（雷帝）。

クレムリンとは城郭という意味。もとはタタール人のカザン・ハン国の城郭だったが、16世紀後半にロシアが征服。城内にロシア正教の聖堂、役所、兵舎などができた。カザン・ハン国時代からのイスラム教とロシア正教の共存が、世界遺産の登録につながった。

カザンのクレムリン。城壁とロシア正教の聖堂群。

99 ノヴゴロドのクレムリン 世界遺産

Novgorod Kremlin

ロシア連邦

Novgorod

交通	サンクト・ペテルブルグの南東に約180km、ノヴゴロドまで列車で約3時間。
分類様式	平城、クレムリン。12世紀に築城、14世紀、15世紀に増改築。
人物事件	ヴァイキングの首領リューリク、イヴァン4世（雷帝）。

9世紀にスウェーデン方面からリューリクに率いられたヴァイキングが侵入、定着。12世紀にはバルト海と水運によって結ばれているヴォルホフ河畔にクレムリンが築かれ、のち増改築された。赤煉瓦の城壁や、さまざまな時代と様式の聖堂が残っている。城壁は長さ1400mで、13基の塔を備えている。

ノヴゴロドのクレムリンにあるロシア正教の聖堂群。

- 98 世界遺産登録名 カザン・クレムリンの歴史遺産群と建築物群
- 99 世界遺産登録名 ノヴゴロドの文化財とその周辺地区

100 モスクワのクレムリン 世界遺産

Moscow Kremlin

ロシア連邦

Moscow

東側から見たクレムリンの全景。

交通	クレムリンへは、地下鉄のボロヴィツカヤ駅、ビブリオチェーカ・イーメニ・レーニナ駅、アレクサンドローフスキー・サート駅からそれぞれ徒歩で約5分。
分類様式	平城、クレムリン。12世紀に土塁と木柵、14世紀に石造の城郭、15世紀末から16世紀初頭に改築、ルネサンス式、のち宮殿増築。
人物事件	モスクワ公ドミトリー・ドンスコイ、モンゴル人襲来、モスクワ大公イヴァン3世。

南側はモスクワ川、西北側はネグリンナヤ川(現在は暗渠)、東北側は堀(埋め立てられて赤の広場など)に囲まれる三角形の台地を占める。

12世紀に土塁・木柵で発足。14世紀にモスクワ公ドミトリー・ドンスコイが石造の城郭に改めた。のちモンゴル人(タタール人)の襲来で壊滅。大公に昇格したイヴァン3世がミラノから建築家を招き、スフォルツァ城によく似た様式で1508年に現在のような城郭を完成した。

その後19世紀に至るまで、いくつもの宮殿や聖堂が城内に建設され、城郭も改修された。

城壁の全長は2235m。19基の塔を備え、そのうち5基は華やかな尖塔を持つ塔門だ。

私たちは赤の広場に面するスパースカヤ塔門から城内に入り、物見櫓を兼ねていた高さ81mの「イヴァン大帝の鐘楼」をはじめ、四つの壮大なロシア正教の聖堂や、もとは武器庫だった博物館などを見学できる。

赤の広場。左手に城壁と宮殿。

イヴァン大帝の鐘楼。

全景写真を撮るには、モスクワ川の対岸からがすばらしい。赤の広場では、華やかなヴァシーリー・ブラゼンヌイ聖堂が一つの撮りどころ。それからスパースカヤ塔門と城壁越しに、宮殿群や四つの聖堂の塔の群れをカメラに収めよう。城内では「イヴァン大帝の鐘楼」が迫力満点。ほかの聖堂もそれぞれ様式が変わっていて面白い。 **世界遺産登録名** モスクワのクレムリンと赤の広場

城郭名索引

ア

アーケルスフース城 —— 93
アヴィニヨンの教皇の城 —— 19
アウレリアヌス帝城壁 —— 14
アゼ・ド・リドー城 —— 109
アテナ神殿（☞リンドスのアクロポリス）—— 56
アルハンブラ —— 65
アンジェ城 —— 35, 96
アンボワーズ城 —— 97, 109
石造りの船（☞プファルツ城）—— 83
ヴァルトブルク城 —— 80
ヴィアンデン城 —— 122
ヴィトレ城 —— 98, 103
ウィンザー城 —— 15, 23
ウォーリック城 —— 24
ヴォルテッラ（城郭都市）—— 45
エステ城（フェラーラ）—— 33
エディンバラ城 —— 6–7, 25
オルフォード城 —— 15

カ

カーフィリー城 —— 26
ガイヤール城 —— 15, 99
カザンのクレムリン —— 124
カステッロ・グランデ（☞ベリンツォーナの3城）—— 63
カステッロ・ディ・サッソ・コルバロ（☞ベリンツォーナの3城）—— 63
カステッロ・モンテベッロ（☞ベリンツォーナの3城）—— 63
カステル・デル・モンテ —— 34
カステル・ヌオヴォ（ナポリ）—— 35
カステルヴェッキオ（ヴェローナ）—— 36
カナーヴォン城 —— 10, 19, 27
カリスブルック城 —— 15
カルカソンヌ城 —— 16
カルカソンヌ伯城（☞城郭都市カルカソンヌ）—— 106
カレメグダン城（ベオグラード）—— 75
空中楼閣（☞ホーエンツォレルン城）—— 88
グーテンフェルス城 —— 83
グリプスホルム城（マリアフレッド）—— 12, 64
クロンボー城 —— 78
ゲディミナス城 —— 118
豪華城（→シノン城）—— 109
コーニスバラ城 —— 15

コーブルク城 —— 81
コーンウィー城 —— 28
コカ城 —— 66
コッレ・ヴァル・デルサ（城郭都市）—— 45
コルヴィネシティロル城（フネドアラ）—— 120

サ

ザーバブルク城 —— 87
サン・ジミニャーノ（城郭都市）—— 45
サン・ジョルジェ城 —— 114
サン・ミニアート（城郭都市）—— 45
サンタンジェロ城 —— 37
シエナ（城郭都市）—— 45
シグエンサ城 —— 67
シノン城 —— 10–11, 100, 109
シャンボール城 —— 109
シュトルツェンフェルス城 —— 88
シュノンソー城 —— 108, 109
城郭都市アッシジ —— 41
城郭都市アビラ —— 14, 70
城郭都市ヴァレッタ —— 116
城郭都市ヴィリニュス —— 118
城郭都市エグ・モルト —— 105
城郭都市オビドス —— 115
城郭都市カルカソンヌ —— 106
城郭都市コルドバ —— 71
城郭都市サンマリノ（☞ロッカ・ベンネ）—— 61
城郭都市チェスキー・クルムロフ —— 77
城郭都市ドゥブロヴニク —— 60
城郭都市トレド —— 72
城郭都市ニュールンベルク —— 90
城郭都市ポルトヴェネレ —— 42
城郭都市ポルトフェライオ —— 17, 18, 43
城郭都市マーストリヒト —— 52
城郭都市ミストラ —— 57
城郭都市ヨーク —— 32
城郭都市リガ —— 117
城郭都市ルクセンブルク —— 123
城郭都市ローテンブルク —— 12, 91
城郭都市ロードス —— 58
城塞イェディクレ —— 92
シヨン城 —— 62
白い腕（☞シュノンソー城）—— 109

スオメンリンナ ── **95**
スピシュスキー城 ── **73**
スフォルツァ城（イモラ）── **38**
スフォルツァ城（ミラノ）── **39**
聖母マリアの城（☞マルボルク城）── **113**
聖ヨハネ城郭修道院（パトモス島）── **59**
セゴビアのアルカサル ── **8-9, 68**
セルウィウス城壁 ── **14**

タ
タラスコン城 ── **101**
ディナン城 ── **111**
ディフ城 ── **102**
ティリンスのアクロポリス ── **53**
テオドシウスの城壁（イスタンブール）── **14, 92**
ドゥーン・エンガス ── **22**
ドーヴァー城 ── **16, 29**
トームペア城 ── **46**
ドス・ムーロス城（シントラ）── **12-13, 115**
トライダ城 ── **117**
トラカイ城 ── **118**

ナ
ニャスヴィシュ城 ── **110**
ノイシュヴァーンシュタイン城 ── **89**
ノヴゴロドのクレムリン ── **124**

ハ
ハーレック城 ── **19, 30**
ハイデルベルク城 ── **82**
ハイデンライヒシュタイン城 ── **47**
パドヴァ ── **19**
ババ・ヴィダ城 ── **107**
パラミディ城（ナフプリオン）── **54**
ピエルフォン城 ── **19**
ファドゥーツ城 ── **119**
フィレンツェ（城郭都市）── **45**
フォルヒテンシュタイン城 ── **48**
フォンテーヌブロー宮殿 ── **109**
フジェール城 ── **98, 103**
ブダ城 ── **94**
プファルツ城 ── **83**
プラハ城 ── **76**

フランチェスコ城（サン・レオ）── **6, 40**
フランドル伯城（ヘント）── **11, 112**
ブラン城 ── **121**
ブルク・エルツ城 ── **84**
フレデリクスボー城 ── **79**
ブロワ城 ── **109**
ヘディンガム城 ── **15**
ベリンツォーナの3城 ── **63**
ベルモンテ城 ── **69**
ホーエンヴェルフェン城 ── **49**
ホーエンザルツブルク城 ── **49, 50**
ホーエンシュヴァーンガウ城 ── **89**
ホーエンツォレルン城 ── **88, 89**
ボーケール城 ── **101**
ポーマリス城 ── **19**
ポッピ（城郭都市）── **45**
ホッホオスターヴィッツ城 ── **51**
ホワイト・タワー（☞ロンドン塔）── **14, 31**

マ
マルクスブルク城 ── **85**
マルボルク城 ── **113**
ミケーネのアクロポリス ── **55**
モスクワのクレムリン ── **125**
モン・サン・ミッシェル城郭修道院 ── **104**
モンタルチーノ（城郭都市）── **45**
モンテリジョーニ（城郭都市）── **16, 45**

ラ
ライヒスブルク城（コッヘム）── **86**
ラウンド・タワー（☞ウィンザー城）── **15**
リーメスとザールブルク城 ── **87**
リュブリヤーナ城 ── **74**
リンドスのアクロポリス ── **56**
ルチニャーノ（城郭都市）── **45**
六人の女性の城（☞シュノンソー城）── **109**
ロッカ・ベネ（サンマリノ）── **61**
ロッカ・マッジョーレ（☞城郭都市アッシジ）── **41**
ロッカ・ミノーレ（☞城郭都市アッシジ）── **41**
ロンドン塔 ── **14, 31**

■監修
樺山紘一
財団法人日本城郭協会

■本文執筆
紅山雪夫
1927年、大阪府生まれ。東京大学法学部卒業。旅行作家で日本旅行作家協会理事を歴任。著書に『フランスの城と街道』『イタリアの古都と街道 上下』『不思議のイスラム』『不思議の国インド』『ギリシアの遺跡と島々』(以上トラベルジャーナル)、『ヨーロッパものしり紀行(4冊)』『ドイツものしり紀行』(以上新潮文庫)など多数がある。

■写真提供
井上宗和
勝井規和
小島　毅
中城正堯
永森裕子
ナテジュダ・チペヴァ(Nadezhda Chipeva)
野口昌夫
藤宗俊一
紅山雪夫
山田　実
横山　悟
アイルランド政府観光庁
イタリア政府観光局
株式会社ユーラシア旅行社
財団法人日本城郭協会

スカンジナビア政府観光局
スロヴェニア共和国大使館
セルビア観光局
ポーランド政府観光局
ラトビア共和国大使館
リトアニア共和国大使館
ルクセンブルク大公国ルクセンブルク経済通商省

■取材協力
内山裕美
落合ゾーヤ
つかだ・みちこ
前河原俊夫
みや・こうせい

■編集協力
石井宏明
渡辺一夫

■財団法人日本城郭協会紹介
日本城郭協会は、1967年に文部省によって認可を受けた城郭に関する唯一の財団法人。日本と世界の城郭をテーマに、研究調査と城郭文化の普及に取り組み、さまざまな教育事業も展開している。
〈事務所所在地〉
〒151-0062 東京都渋谷区元代々木町25-8-206
連絡先電話＆FAX：03-3460-4646
http://www7a.biglobe.ne.jp/~nihonjokaku/

ふくろうの本

図説 ヨーロッパ100名城公式ガイドブック

二〇一一年一一月二〇日初版印刷
二〇一一年一一月三〇日初版発行

監修…………樺山紘一・財団法人日本城郭協会
本文…………紅山雪夫
装幀・デザイン…ヒロ工房
発行者………小野寺優
発行…………河出書房新社
　　　　　東京都渋谷区千駄ヶ谷二-三二-二
　　　　　電話　〇三-三四〇四-一二〇一(営業)
　　　　　　　　〇三-三四〇四-八六一一(編集)
　　　　　http://www.kawade.co.jp/
印刷…………大日本印刷株式会社
製本…………加藤製本株式会社

Printed in Japan
ISBN978-4-309-76179-4

落丁・乱丁本はお取替えいたします。
本書のコピー、スキャン、デジタル化等の無断複製は著作権法上での例外を除き禁じられています。本書を代行業者等の第三者に依頼してスキャンやデジタル化することは、いかなる場合も著作権法違反となります。